# FROM BALZAC TO ZOLA

## SELECTED SHORT STORIES

# FROM BALZAC TO ZOLA
# SELECTED SHORT STORIES

Edited with Notes and Introduction by

Richard Hobbs

Lecturer in French, University of Bristol

Bristol Classical Press

Cover illustration: from Daumier, *Mœurs conjugales*, 1839.

First published in 1992 by
Bristol Classical Press
an imprint of
Gerald Duckworth & Co. Ltd
The Old Piano Factory
48 Hoxton Square, London N1 6PB



A catalogue record for this book is available
from the British Library

ISBN 1-85399-331-X

Available in USA and Canada from:
Focus Information Group
PO Box 369
Newburyport
MA 01950

Printed in Great Britain by
Booksprint, Bristol

# CONTENTS

# INTRODUCTION

## i) Brevity Expanded: *Contes* and *Recueils*

Short fiction is a major genre of Western literature. It exists under a variety of names: fable, parable, novella, Märchen, *conte*, tale, or short story. From Æsop to *The Thousand and One Nights*, and from Voltaire's *Candide* to James Joyce's *Dubliners*, its qualities have repeatedly been demonstrated and acknowledged. Through all its literary transformations, it has retained links with an ancient tradition of story-telling as an oral and unwritten form that is fundamental to popular culture. For all of us it is a very early part of our discovery of literature in that, from our earliest years, our understanding of stories introduces us to basic conventions of fictional narrative. Like the novel, it has enjoyed the support of a mass readership over the last century and a half. In nineteenth-century France its success was a striking new feature of cultural life. The sheer quantity of short fiction produced and consumed established it as a force that affected virtually all writers. The reading public, itself multiplying rapidly with the growth of literacy and education, developed an insatiable appetite for *contes*.

And yet this very success led to controversy and confusion about what the distinctive features of short fiction are and where its essential qualities lie. It seemed to lose specific individuality as a genre because it proved so flexible as a form. It became all-pervasive because it could be adapted to suit a bewildering range of literary ambitions and stances. Brevity could give intensity to the fantastic and the imaginary. It could also give impressionistic vividness to realist depictions of modern life. *Contes* were admirably suited to comedy and the burlesque, but quickly became associated with moods of cruelty and anxiety. They could concentrate on a single fleeting event, or they could present the entire life-story of a fictional character. They could be didactic, making moralising points of stern conventionality, and yet they could just as easily blur or disrupt distinctions between moral categories. They could approach the suggestiveness of a prose poem, the drama of theatrical dialogue, or the narrative flow of a novel. Such flexibilty led to uncertainty as to whether short fiction is a distinctive genre, having essential features of its own, or simply a hybrid whose innovatory potential was more parasitic than individual.

Uncertainty about the nature of short fiction extended to doubts about its seriousness and quality in literary terms. Sceptics at the time, and indeed since, have associated brevity with a lack of scope, comparing short fiction unfavourably with the sheer bulk of a novel, or with the dense ambiguities of poetry. The fact that short stories were so often published in newspapers, becoming closely involved with a nascent entertainment industry that was often regarded as disreputable, fuelled doubts as to their æsthetic and moral status. The short story acquired the reputation of being a secondary genre. Its very success counted against it, because a literary form that was produced in mass quantities for easy consumption inevitably encouraged scepticism amongst literary critics. Nineteenth-century writers of short fiction, both in France and elsewhere, repeatedly defended the æsthetic benefits deriving from brevity. They stressed the strengths to be found in a narrative form that, unlike the novel, was written on the assumption that it would be read at one sitting, resulting in a very special focus and concentrated effect. But even these champions of the short story were divided amongst themselves, often disagreeing about the kind of effects involved and the narrative techniques that produced them.

Problems of value, of definition, and of critical approach therefore surround the nineteenth-century French short story. A number of these problems have been investigated in recent years in scholarly and critical studies. The *contes* of individual authors have been scrutinised and re-evaluated. The essential formal and æsthetic features of short fiction have been reconsidered in relation to modern critical theory and thought. Examinations of the social and historical conditions that favoured the rise of the modern short story have clarified the interrelation between *contes* and the society that produced them. The earlier simplistic rejection of short fiction to secondary status has not been endorsed in late twentieth-century criticism; this is surely in part a reflection of the healthy state of short fiction in the hands of writers of recent years such as Beckett or Borges.

No study has ever attempted to encompass the whole corpus of nineteenth-century short stories in France. Critical approaches have been partial, selecting and sampling in their exploration of *contes*. One mode of investigation by selection and sampling that has proved valuable is the one used in this selection of stories from Balzac to Zola: the gathering together in a single volume of stories from diverse origins and contexts. The device of presenting and reading *contes* in groups as cycles and anthologies is an intrinsic part of the genre. Short stories may be read both singly in isolation and collectively as a *recueil*. Boccaccio's *Decameron* and Chaucer's *Can-*

*terbury Tales* use this ancient principle. It is a familiar principle, also, in the publishing and reading practices of poetry. Baudelaire's *Les Fleurs du mal* can be read sequentially as a single work composed of a large number of poems. Alternatively, the reader may choose haphazardly individual poems, giving each poem the status of a self-contained work. The poet has established an architecture of relationships between the individual poems, but the reader has the power and the freedom to disregard this structure and to experience the poems in a different manner. In short fiction the form and architecture of a *recueil* can be established by the author himself, or by a publisher, or simply by an editor, as in the case of the present volume. In all these cases, however, it is the reader who finally determines reading stratagies, as he or she can select and arrange material from within the published selection.

A succinct one-word summary of this principle was provided by one of the masters of the nineteenth-century French short story, Prosper Mérimée. Mérimée entitled his first *recueil* of stories *Mosaïque*. The image of a mosaic is at the same time simple and eloquent. A mosaic consists of heterogeneous parts, often coloured stones, each having its own colour, texture and character. Collectively they combine to form a pattern that cannot be guessed at from a single stone. Each part of the mosaic has meaning, but the over-all pattern of the mosaic or *recueil* is greater than the sum of its parts. The constructor of the mosaic, in this case Mérimée, has provided the parts of the mosaic and therefore implied a pattern. But the pattern ultimately exists in the mind of the reader, who may even alter a potential pattern by omitting stories or reading them out of sequence, thereby becoming a creator of patterns rather than simply a receiver of established patterns. Furthermore, the pattern is one based on a relationship between parts rather than a central explicit statement. Mérimée's collection of stories invites the reader to seek a number of potential patterns rather than a single unified focus. The same could be said of Flaubert's *Trois Contes*, where the relationships between *Un Cœur simple* and the other two stories suggest multiple points of comparison rather than a unified focus. Short fiction can therefore benefit from two contradictory but complementary forces: towards brevity and contraction as a single story and towards synthetic expansion as mosaics or *recueils*.

This selection of stories entitled *From Balzac to Zola* is a mosaic. The reader can follow the architecture of the sequence I have chosen or alternatively opt for his or her own selection within my *recueil*. In any event, the movement from Balzac to Zola cannot be seen as a simple linear sequence. It does take us from an earlier to a later context within the century, but there is no beginning or end to the evolution of the nineteenth-century *conte*. This B-Z of its development is necessarily incomplete and to an extent arbitrary, even with a return to the beginning of the alphabet at the end with *Plaisirs d'été* by Alphonse Allais. A selection such as this can, however, sample the rich diversity of nineteenth-century French *contes*. It can give examples of the flexibilty in terms of form that allowed short fiction to penetrate such a wide range of literary and social milieux. It can demonstrate both the high quality of these *contes* and the problems that have affected their reception by the reading public. Present in this *recueil* are writers who were specialists in short fiction or whose reputation rests largely on their contribution to the genre: Mérimée, Daudet, and Maupassant. Also represented are major novelists who turned to short fiction only in a limited manner, but who showed an exemplary feeling for the specific characteristics of the genre when they did so: Balzac, Flaubert, and Zola. An American who had extraordinary status in France and whose works became effectively a part of French literature is included in translation by his champion Baudelaire: Edgar Allan Poe. Poe became so thoroughly integrated into French culture as both a writer of short fiction and a literary theorist that no study of the *conte* can ignore him. His tales of mystery and imagination and the æsthetic principles associated with them consolidated and renewed the Romantic *conte fantastique*, represented here by Gautier's *Pied de momie*. Finally, in a different vein and one that is typical of the *fin-de-siècle*, Alphonse Allais's stories are a supreme example of the ironic humour that is so closely associated with *contes*.

The stories can be read and appreciated individually, but comparisons between them quickly reveal telling points of contrast. In terms of form and narrative technique, for example, brevity itself is a relative term; it does not invariably mean a dozen or half a dozen pages. *Un Cœur simple* and *Jacques Damour* are long enough to be divided into parts, like the chapters of a novel, but the other stories are too short to allow such divisions. The time-scale of the action of the individual stories varies just as much, from the minutes it takes to complete a game of billiards in *La Partie de billard* to the passing of decades in *Un Cœur simple*. Differences also exist concerning the basic question of perspective, of the identity of the narrative voice that actually tells the story. The conventions of oral story-telling, and also those of eighteenth-century novels such as Prévost's *Manon Lescaut*, are used in *La Partie de trictrac* and *Mon Oncle Jules*. In both of these texts a fictional character introduces a narrator to the reader, creating a pseudo-oral narrative within a written narrative. Allais uses a first-person narrative more directly, giving an apparently conversational tone. Flaubert, on the other hand, shows us Félicité's point of view, but without her, or any other character, becoming a narrative voice, resulting in a type of impersonality. Even where narrative technique in different *contes* may seem similar, it can serve varying ends. In *Le Pied de momie* and *Le Chat noir* Gautier and Poe, like Allais or Mérimée, use a first-person narrative, but not simply to suggest oral story-telling. They use it to evoke first-hand experience of dream, nightmare, and the irrational. Similarly, Maupassant's *Lettre d'un fou* uses the first-person perspective of a letter to explore the boundary between sanity and madness. First-person narrative here serves the interests of tales of the imaginary and the irrational, the *contes fantastiques* that flourished throughout the nineteenth century, forming a sub-genre within short fiction.

Comparisons between the stories clearly reveal both points of diversity and also patterns of similarity. To take an example of a different kind, the gaming activities of Mérimée's *Partie de trictrac* and Daudet's *Partie de billard* may diverge thematically to illustrate the individual dilemma of Roger in Napoleonic times and the collective fate of France in 1870, but backgammon and billiards do demonstrate in a comparable way the kind of central image that can be so powerful in short stories. An apparently trivial activity, that would be simply one incident among many in the extended and varied plot of a novel, becomes the thematically complex focus, and indeed the whole point, of both *contes.*

## ii) The Stories and their Contexts

The stories in this selection have historical, social, and cultural contexts that modern readers can know only imperfectly. Knowledge of those contexts nevertheless plays a role in the process of reading them. Much as an unhistorical analysis of each text can reveal in terms of narrative techniques and stratagems, reference to nineteenth-century France is inevitable, both in clarifying allusions within each text and in identifying its properties as an example of the genre of short fiction. Investigation of these contexts therefore enriches our reading of the *contes.* Conversely, our perception of nineteenth-century France can be enriched by reading *contes.* Not only through overtly social themes, but even through the literary form of each narrative, we can gain perceptions of the immediate past of France that helps us more generally to understand its culture. As with any work of literature, there exists a reciprocal relationship between the form a *conte* takes and the prevailing social conditions out of which it emerged. Although those conditions are, in a sense, the totality of the society existing at the time, each individual *conte* relates to certain particular features of it, highlighted by specific allusions in the plot or by wider contextual characteristics. Maupassant's *Mon Oncle Jules*, for example, depends for its impact on our awareness of its provincial Norman social setting and also reveals to us the hypocritical self-interest of the late nineteenth-century bourgeoisie.

This section introduces each story in terms both of its salient narrative properties and its nineteenth-century social and historical context. Such an account cannot be exhaustive. Biographical details, for example, are included only selectively for the bearing they have on textual or contextual considerations. Discussion of the more general patterns and problems that emerge from a reading of the stories will be found in the third and final part of this Introduction.

## Honoré de Balzac: *Le Réquisitionnaire*

Balzac ends his story with its date and place of composition: February 1831 in Paris.

Balzac was at an early stage of his literary career. He was in a period of transition from apprenticeship to maturity, experimenting with established fictional forms as he developed his own conceptions of narrative. Foremost amongst the literary models he was seeking to emulate was Walter Scott, whose novels were enjoying spectacular success in Paris, as elsewhere. Scott's evocations of the near and distant past in *Waverley, Ivanhoe,* and other now half-forgotten novels seemed strikingly original to Balzac and his contemporaries because of their blend of historical realism with Romantic locations and adventures.[1] Balzac saw tremendous potential in this alliance between history and the novel. As he explained later in the best-known exposition of his artistic beliefs, the *Avant-propos* (1842) to *La Comédie humaine,* Scott's novels revealed to him the grandiose possibility that fiction could represent a society and analyse the historical forces that shaped it. By extending Scott's historical realism to a study of contemporary society, and by grouping his novels as a cycle, an enormous *recueil* entitled *La Comédie humaine*, he could aim to represent the totality of contemporary French society, the human comedy of social behaviour.

*Le Réquisitionnaire*, like a Scott novel, is set in the historical past, in this case the recent past. Balzac gives it a very precise date: November 1793. Although the French Revolution is habitually associated with the date 1789, it was an historical event of protracted and extensive scale in which the year 1793 was in many ways climactic. In January 1793 King Louis XVI was executed. Civil unrest and food riots were widespread in Paris and in other large towns; at the same time France was moving closer to war with a powerful coalition of European nations, headed by Britain and Austria, who were hostile to the principles of the French Revolution. In July Marat was murdered in his bath, an event painted by David as an icon of political martyrdom. In the summer Robespierre rose to power, to become the central figure of the period known as the the Terror, the most violent attempt by revolutionaries to purify the Revolution by exterminating its enemies. In October Queen Marie-Antoinette went to the guillotine. Nobles, priests, and their sympathisers were put to death. Their families and associates were pursued. In *Le Réquisitionnaire*, Balzac's heroine Madame de Dey and her son are both potential victims.

Interpretation of this revolutionary period has always been complex and controversial. Throughout the nineteenth century the Revolution and the myths that accrued around it haunted French perceptions of social issues. In February 1831, when Balzac completed *Le Réquisitionnaire*, it was also a highly topical subject. Six months earlier a brief but successful Revolution had brought down the last Bourbon king of France, Charles X. The Revolution of July 1830 had none of the scale of the upheavals that had followed 1789, and it changed comparatively little, since it replaced one form of monarchy with another, the Orleanist King Louis-Philippe coming to the throne. It did, however, arouse passionate debate about social change. The conflict between the rights of the individual and the interests of dominant social classes divided French opinion. Balzac's own political and social outlook, as implied in his novels and stated in various prefaces, increasingly favoured authoritarian collective and family values at the expense of libertarian individualist interests. His views, however, were far from dogmatic or straight-forward. He expressed moral loyalty to the notion of an enlightened monarchy and Church, but demonstrated that evolving social and economic forces would inevitably come to defeat such values. Something of this outlook is discernable in *Le Réquisitionnaire*. Madame de Dey and her son possess the moral nobility of counter-revolutionary family values, but their defeat is inevitable in the face of the new society forming around them. Balzac complicates matters further by showing us not Paris in 1793 but the provincial calm of Normandy, close to Brittany, a stronghold at the time of broadly monarchist and Catholic sympathies. Madame Dey certainly emerges as heroic, but the inhabitants of Carentan, a small market town near Saint-Lô, present a far from straightforward provincial reaction to the revolutionary politics emanating from Paris. Balzac presents the interests of the protaganists of the story in a way that explores the complexities of social relations rather than following simple historical categories.

For all its interest in terms of history, *Le Réquisitionnaire* is not exclusively a study of society. The focus of the story is on a single mysterious incident: why Madame de Dey suddenly closed her door to the world with no explanation. The structure of the story revolves around the solution of this mystery. The reader desires a solution but this is suspended while other unanswered questions are raised. Where is her son? What is contained in the letter she has received? What is the identity of the conscript? Will the inhabitants of Carentan unravel these mysteries? When the answers are finally given, they do not meet the logical or rational expectations of the reader. The arrival of her son never occurs, so that the conscript himself proves a diversion and a disappointment. Yet her son does figure in the story through unexpected means: a form of thought transference or telepathy that communicates his death to her and thereby causes hers. Her death is in the end not simply caused by the social and political forces that seemed to threaten her, and is surrounded by yet more unanswered questions. Can death result from thought transference? What is the explanation for such an strange and unexpected occurrence?

The notions that lie behind such perplexing phenomena lead us back to the context of Balzac's time, but now regarding his view of the human psyche and personality. Madame de Dey's love for her son is total, all-consuming and dominates all her thoughts and activities. She is a forerunner of the monomaniacs in Balzac's fiction who are destroyed by an obsessive and self-consuming single passion. Later examples would include Grandet's love of money in *Eugénie Grandet* and Goriot's love for his daughters in *Le Père Goriot.* Fanciful as such notions may seem to us today, Balzac credited them with scientific validity. Thought transference and other comparable theories, such as mesmerism, an early form of hypnotism, fascinated him because they offered explanations of mysterious aspects of human behaviour. They seemed to him to have philosophical importance because they lead us beneath the surface of social behaviour. In the hierarchy of categories into which Balzac divided *La Comédie humaine, Le Réquisitionnaire* is not classified amongst the *Etudes de mœurs* or studies of social behaviour, but in the *Etudes philosophiques* which study the underlying philosophical and scientific laws that govern human behaviour. This is perhaps of interest when it comes to interpreting the story, because it suggests a level of meaning already implied by the manner of Madame de Dey's death. *Le Réquisitionnaire* does show Balzac's concern to represent society with historical authenticity, but it also shows his aim to explain it in terms of hidden natural laws and forces.

For all the modesty of its small scale as a narrative, *Le Réquisitionnaire* reveals thoroughly immodest literary goals. Balzac's use of dramatic suspense and mystery leads the reader to seek explanations that embrace the contingent social world and a hidden less tangible world. If such an artistic ambition seems excessive today, it did not seem so in February 1831. French Romanticism was then near its zenith. Just a few weeks earlier, the first performance of Berlioz's *Symphonie fantastique* had challenged standards of classical restraint, just as Victor Hugo's play *Hernani* had done in February 1830. Like other writers of the time, Balzac was charting a literary future for himself of Romantic ambition and proportions. Lengthy novels and the vast scale of *La Comédie humaine* were to be his characteristic literary mode. He wrote a number of fine *contes* at about the time of *Le Réquisitionnaire*, but from the mid-1830s onwards it was the full-scale novel, sometimes of vast proportions, that absorbed his creative energy.

This is not to say that short fiction was without appeal for the generation of Balzac. On the contrary, *contes* enjoyed a literary vogue in the early 1830s. Some writers became specialists in short fiction, and came to concentrate their efforts increasingly on the exploration and development of its artistic possibilities. This vogue was stimulated also by growing demand for *contes* from the reading public, and by the growing eagerness of publishers and the proprietors of newspapers and reviews to meet that demand. Prosper Mérimée, in particular, established himself as a virtuoso of short fiction.

## Prosper Mérimée: *La Partie de trictrac*

Mérimée's most celebrated short story is *Carmen* dating from 1845 and transformed into an opera by Bizet some thirty years later. By the time of *Carmen*, however, he had long since ceased to be primarily a writer. From 1834 onwards he worked for the French State as *inspecteur général des monuments historiques*, tirelessly touring France to catalogue, restore and preserve historic buildings. The modern tourist industry owes him a vast debt. His literary activities during this government work were intermittent, and he is regarded today as a relatively minor writer. Before 1834, he had nevertheless been an experimental writer of distinction. He first attracted attention with *Le Théâtre de Clara Gazul* (1825), a collection of plays presented as translations from an obscure Spanish source but in fact simply written by Mérimée himself. They were in part a hoax, including a portrait of the non-existent Clara Gazul that was Mérimée's own portrait with the addition of a feminine coiffure. They did, all the same, contribute to the development of Romantic drama, participating in a liberating of theatrical conventions and paving the way for Hugo's *Hernani*. The appearance of Mérimée's *La Guzla* in 1827 took the joke of Clara Gazul one stage further by providing a very obvious anagram of Gazul that means, quite genuinely, a type of Balkan musical instrument. *La Guzla* uses the device of pseudo-translation again, this time of Balkan folk ballads. Mérimée had therefore turned from theatre to a kind of poetry in the form of prose-poem folk ballads. Soon after he changed genre again, by turning to the novel. In 1829 he published his *Chronique du règne de Charles IX*, both a celebration and in part a parody of the kind of historical novel enjoying a vogue in France in the wake of Walter Scott and taken so seriously by Balzac. Mérimée was showing virtuoso skill as an experimenter, partly through parody and pastiche, in a variety of literary genres.[2]

In the late 1820s, Mérimée brought his talents to bear on the genre of the short story, using the expertise he had gained in other genres to expand its horizons. He used dialogue extensively, especially at the dramatic climax of a story, demonstrating his familiarity with theatrical techniques. Some of his *contes* use the linguistic preciosity of the pseudo-ballads of *La Guzla*, bringing them close to a kind of prose poem. The narrative skills he displayed with idiosyncratic freedom in *Chronique du règne de Charles IX* are adapted to the demands of brevity. Mérimée was developing the *conte* not simply as a shrunken novel, but as an experimental form, bringing in characteristics of poetry and drama.

Each of Mérimée's stories contains only a limited range of his techniques and innovations. Perhaps the most striking example of his skills in *La Partie de trictrac* concerns perspective. An assembled group of characters is presented and one of them tells a tale to the others. This is a literary use of the oral conventions of story-telling that is unremarkable as such. It is a well-established procedure known in French as *cadre* technique, the placing of a story in a frame, which delimits its opening and ending. By assembling the narrator and listeners as fellow travellers on a voyage, in this case on a whaling ship, Mérimée is also demonstrating a standard technique. The grouping together of characters on a boat, or in a coach or a train, is a convenient device in short fiction, as Maupassant would later show in *Boule de suif* where the passengers in a coach provide an instant microcosm of France. In *La Partie de trictrac*, however, the *cadre* technique is not used in as conventional or satisfying a manner as the reader might wish, as the frame actually interrupts and curtails the story, depriving the reader of an ending. What is the effect of this interruption? Is it simply to frustrate the reader, leaving us with the feeling that wc are the victim of another of Mérimée's ventures into parody, pastiche, and hoax?

In part, the effect of this interrupted *cadre* is certainly to frustrate the reader's expectations. But there is perhaps another dimension to this lack of an ending. *La Partie de trictrac* is a different kind of *conte* from Balzac's *Le Réquisitionnaire*. Rather than focussing on a crucial event and on the enigmatic explanation of mysteries, Mérimée concentrates in this *conte* on a dilemma that will not go away. Roger is in a dilemma not simply because he is trapped by guilt, but also because he knows that his guilt may ultimately be less strong than his continuing imperious need to excel at the expense of his fellow-men. Another dilemma confronts the captain of the whaler who has had to choose whether or not to fulfil his promise to kill Roger. Neither dilemma is resolved, the interrupted *cadre* leaving these quandaries intact. The initial becalming of the whaler that drove the bored sailors to demand a story also contributes to the contrast between the dramatic events that Roger experiences and the static dilemmas that surround them. The interrupted *cadre* therefore fulfils a thematic function. Even the historical context could be said to benefit from the contrast between action and stasis. *La Partie de trictrac* includes dramatic events of the era of the Napoleonic Wars seen from the perspective of a former soldier who is now captain of a whaler during the regime that followed: the Restoration Monarchy of Louis XVIII and Charles X. The pattern recalls *Le Rouge et le noir* by Stendhal, Mérimée's friend and literary mentor. *Le Rouge et le noir* and *La Partie de trictrac* are contemporary with one another, and both contrast the energy and action of the Napoleonic period with the becalmed boredom of the Restoration Monarchy.

*La Partie de trictrac* was first published in *La Revue de Paris* in June 1830. In 1833 it was included in *Mosaïque*, a collection of texts that had already appeared individually in reviews, mainly *La Revue de Paris*, since 1829. This practice of publishing stories singly in the press and then collecting them in a *recueil* afterwards would be standard practice for many writers of *contes* throughout the century. But for Mérimée this was not merely a matter of practical convenience. As has already been shown in the first part of this Introduction, 'Brevity expanded: *contes* and *recueils*', he explored the literary and thematic potential of the *recueil* principle. His use of it was initially hesitant, in that the precise contents of *Mosaïque* initially varied from edition to edition, but he did succeed in expressing through the expanded form of a *recueil* a complex interpretation of the human condition. The reader of *Mosaïque* cannot but notice that an underlying pessimism pervades the stories, in which an individual repeatedly loses his freedom in the face of cruel and irresistible forces, whether they be social, natural, or pyschological. The settings in which these individuals live vary widely, moving like travel literature from Spain to the Crimea, West Africa, the West Indies, with allusions to Egypt and other exotic countries. This universalises the pessimism and implies a general view of the human condition. Æsthetically, too, Mérimée rings the changes in *Mosaïque*, demonstrating his versatility in different types of *contes*, including a *conte fantastique*: *Vision de Charles XI*. *La Partie de trictrac* takes on wider significance in this broader pattern.

## Théophile Gautier: *Le Pied de momie*

Mérimée's inclusion of a *conte fantastique* in his *Mosaïque* collection is a symptom of the popularity that tales of fantasy and the imaginary had won by the early 1830s. This popularity was due in no small measure to the impact being made by the *contes fantastiques* of E.T.A. Hoffmann. Hoffmann (1776-1822) had been a prominent figure in German Romanticism. He had regarded himself primarily as a musician, writing notably a series of operas in a bid for recognition, but having to settle for the lesser glory of being an outstanding music critic. This success as a writer led him to embark on a series of bizarre and original literary creations. In *Kreisleriana*, later transformed into music by Schumann, the fictional musician Johannes Kreisler embodies eccentrically the Romantic notion of the genius as madman. Hoffmann's pet cat Murr is given a narrative voice to add his feline philosophy of life in a strange novel known in French under the title *Le Chat Murr*. But it is as a writer of weird and strange tales that Hoffmann is chiefly remembered today. The French discovered them only after Hoffmann's death, when translations began to appear in Parisian reviews in the late 1820s. The initial appeal of the stories has been somewhat obscured by later manifestations of Hoffmann's fame, such as Offenbach's operetta *Contes d'Hoffmann*, Baudelaire's recruitment of his views on the arts to the cause of poetic *correspondances*,[3] or the perennial appeal of Murr the cat. French readers of about 1830 seem to have responded chiefly to the interpenetration of the everyday and the supernatural in Hoffmann's tales. The evocation of the familiar was progressively invaded by the unfamiliar, blurring distinctions between the real and the visionary, between the sane and the insane. The irrational and the impossible seemed plausible and authentic. Dream and reality were inseparable. Short fiction suited this type of theme well. It allowed the familiar to be described rapidly, the invasion of the dream-like to be suggested just as rapidly, and the whole story to end before the reader began to doubt or reflect on what had occurred. Because it was read at one sitting and with no interruption, the *conte fantastique* could evoke atmosphere with a particular intensity.

The *conte fantastique* had existed in France before translations from Hoffmann began to appear in 1828-9. Charles Nodier (1780-1844) was a French near-contemporary of Hoffmann, who used short fiction at various times throughout his life to evoke a world of dream and nightmare, of vampires and the supernatural. But it was the challenge of adapting Hoffmann's methods to French tastes and outlooks that attracted many writers of the French Romantic period. Théophile Gautier responded early to this challenge, publishing in 1832 *Onuphrius ou les vexations fantastiques d'un admirateur d'Hoffmann*, in which gallic irony is added to the Hoffmannesque fantastic as the reader witnesses the problems of a world where madness seems to lurk in every nook and cranny of the normal.

*Le Pied de momie* (1840) owes much to Nodier for its evocation of irrational dream experience, and to Hoffmann for its movement from the simple every-day transaction of purchasing a paper-weight to an entry into visionary experience. Even the shop with its gnomic proprietor recalls other instances of fantastic literature of the time, for example Balzac's *La Peau de chagrin* (1831) whose hero visits such a shop, only to discover a threshold into a cabalistic world of the supernatural. Gautier treats these motifs, which had by then become conventions of the Romantic *fantastique* with comedy and irony. As a reward for returning the princess's foot, our hero asks for her hand. He just happens to speak fluent Coptic. When he is frightened, his night-cap flies through the air. Even the detached foot can be seen as a fetishistic and surprisingly vocal version of the grotesque detached hand in *La Main enchantée* (1832), a *conte fantastique* by Gérard de Nerval, both a prominent poet and a close friend of Gautier.

Is this *conte* therefore a literary joke, a use of pastiche that goes even further than the irony of Mérimée? Ironisation of Romantic fashions was already a feature of Gautier's writing. His novel *Mademoiselle de Maupin* (1834) had ironised melodramatic and sentimental Romanticism, clearing the way, as it were, for the celebration of art for art's sake, and beauty for beauty's sake, that Gautier advocated and practised in his mature poetry. But *Le Pied de momie* is not simply an ironisation of the *conte fantastique*. As in earlier *contes fantastiques* that he had written during the 1830s, and in further ones that he published sporadically in later years, Gautier produces his own specialised form of the fantastic. Many *contes fantastiques* subvert the reader's confidence in his or her ability to understand the world, producing a loss of rational control that creates temporary anxiety. In *Le Pied de momie*, the reader's position is more ambivalent. The foot, to be sure, leads the narrator to a loss of control. It leads him not only into an impossible world of dreams, but also to a love pact with a dead princess. The oneiric and the necrophiliac disturb the familiar patterns of daily life. But does this trouble the narrator or offer him a welcome enrichment of experience? Is his discovery on waking that the foot has been replaced by the princess's gift a sinister threat from the unknown or timely reassurance that the world of dreams is real and perhaps even superior to our waking lives? *Le Pied de momie* offers us both an experience of a *conte fantastique* and an opportunity, through Gautier's ambivalent irony, to reflect on its implications.

The foot itself lies at the centre of this ambivalence, being potentially both serious and comical. It is, therefore, the central focus of the story in more ways than one. It is the simple starting-point of the incident that forms the plot of the tale, but it also accumulates a confusing variety of thematic functions. There is no substantial part of the story to which the foot does not relate. It is both a physical object and the focus of the reader's interpretative strategies in reading the text. It has a function that can be compared to that of a central image in a poem. Many *contes* use this device: the parrot in Flaubert's *Un Cœur simple*, for example, or Edgar Alan Poe's black cat. It is a solution to one of the basic æsthetic problems of short fiction: how to achieve the maximum effect with the minimum of means.

## Edgar Allan Poe: *Le Chat noir* , translated by Charles Baudelaire

In 1847 Charles Baudelaire published a short story, *La Fanfarlo*. Although it is not without interest, it is seldom read today. It occupies a minor place in his creative output, and has been overshadowed by his later achievements as a poet. Baudelaire did, however, make a major contribution to short fiction in another guise: as both a critic and a translator of the stories of Edgar Allan Poe. Baudelaire attached considerable importance to criticism, insisting that it should be a creative and imaginative exercise, far removed from simple dry evaluation. His own critical articles, whether on literature or painting or music, contain some of the finest and most substantial statements about artistic creativity of the entire nineteenth century. As regards the short story, the following extract from his essay *Notes nouvelles sur Edgar Poe* (1857) gives an acutely perceptive summary of fundamental issues affecting short fiction:

> Parmi les domaines littéraires où l'imagination peut obtenir les plus curieux résultats, peut récolter les trésors, non pas les plus riches, les plus précieux (ceux-là appartiennent à la poésie), mais les plus nombreux et les plus variés, il en est un que Poe affectionne particulièrement, c'est la *Nouvelle*. Elle a sur le roman à vastes proportions cet immense avantage que sa brièveté ajoute à l'intensité de l'effet. Cette lecture, qui peut être accomplie tout d'une haleine, laisse dans l'esprit un souvenir bien plus puissant qu'une lecture brisée, interrompue souvent par les tracas des affaires et le soin des

> intérêts mondains. L'unité d'impression, la *totalité* d'effet est un avantage immense qui peut donner à ce genre de composition une supériorité tout à fait particulière, à ce point qu'une nouvelle trop courte (c'est sans doute un défaut) vaut encore mieux qu'une nouvelle trop longue.[4]

Striking as this advocacy of short fiction is, however, the ideas it contains are not simply Baudelaire's own; they are an adaptation of those of Edgar Allan Poe. By celebrating Poe in terms of the imagination, the corner-stone of his own æsthetic outlook, Baudelaire is praising him according to his own æsthetic priorities, but by singling out unity of impression and totality of effect as dominant features of short fiction, Baudelaire is using Poe's ideas and terminology. Poe had claimed, notably in his essay 'Hawthorne's *Twice-told Tales*' (1842),[5] that short fiction is surpassed by only one literary form: poetry. The best poetry, Poe insists, is short:

> All high excitements are necessarily transient. Thus a long poem is a paradox. And, without unity of impression, the deepest effects cannot be brought about. Epics were the offspring of an imperfect sense of Art, and their reign is no more.

Despite what he considers to be the unassailable superiority of poetry, Poe extols the virtues of a form that is to an extent comparable:

> I refer to the short prose narrative, requiring from a half-hour to one or two hours in its perusal. The ordinary novel is objectionable, from its length, for reasons already stated in substance. As it cannot be read at one sitting, it deprives itself, of course, of the immense force derivable from *totality*.

Poe recognises, too, that short fiction, despite its general inferiority to poetry, does enjoy an element of added richness compared to the poem, as it can include types of language that the conventions of verse poetry exclude:

> The writer of the prose tale, in short, may bring to his theme a vast variety of modes or inflections of thought and expression – (the ratiocinative, for example, the sarcastic, or the humorous) which are not only antagonistical to the nature of the poem, but absolutely forbidden by one of its most peculiar and indispensable adjuncts; we allude, of course, to rhythm.

*Contes* may therefore enjoy the best of both worlds: the unity of impression of the poetic and the linguistic flexibility of prose.

Baudelaire's reflections upon these ideas contributed in no small measure to his experiments with a literary form that was comparatively obscure in the 1850s but that was to play a major role in modern French poetry: the prose poem. Between the mid-1850s and his death in 1867 he wrote some fifty *poèmes en prose*, many of which share features with the short story. Collected in a volume, usually under the title *Le Spleen de Paris*, these prose poems bring into poetry precisely the features that Poe had categorised as non-poetic: the analytical, the ironic, the humorous, and the anecdotal. Cross-fertilisation between poetry and short fiction therefore occurred, a possibility already implicit in Mérimée's association of the prose ballad with the short story.

Poe, however, did not attempt such a reconciliation of poetry and prose, and *Le Chat noir*, for all the intensity of the impression it gives, is no prose poem. Close as it comes in atmosphere to the Paris of Baudelaire, it is perhaps still closer to that of another contemporary French writer, and one much admired by Poe: Eugène Sue (1804-57) and in particular his *Mystères de Paris*. Sue's novels protested on behalf of the down-trodden victims of modern society in the name of humanitarian and broadly socialist principles, but their interest for Poe, as for many French readers, lay in Sue's literary skills. *Les Mystères de Paris* (1842-3) is in essence a sentimental narrative, in which the heroine, Fleur-de-Marie, preserves her inner purity as she passes through a Parisian under-world of criminality and corruption. This under-world is described by Sue as a mysterious labyrinth inhabited by often grotesque but always grandiose characters. Poe read *Les Mystères de Paris* late in his life and recognised in it a narrative technique that he had already made his own: the use of convincingly logical sequences in a plot whose premises belong neither to the plausible nor to the logical.[6] Poe's tales appealed to a French audience already enjoying such narratives whose essence lay in the melodramatic penetration of urban mysteries and whose progeny includes the detective novel. They related not only to the poetic seriousness of Baudelaire but also to sensationalist tendencies in popular fiction.

*Le Chat noir* therefore appeals on different levels from the poetically ambitious to popular crime fiction. The interpretations it has attracted during the twentieth century reflect this varied appeal, sometimes dwelling on Poe's narrative skills, but also extending to Freudian examinations of the narrator's anxiety, cruelty and murder of his wife, as in Marie Bonaparte's *Edgar Allan Poe, Etude psychanalytique* (1933). Unity of impression and totality of effect do not exclude complex impressions and ambiguous effects.

Poe's general reputation in nineteenth-century France was already highly diversified and varied. During the second half of the nineteenth century a succession of French writers translated, interpreted, and imitated the works of Poe. A multi-faceted reputation of mythic proportions grew around his name in France, giving him posthumous fame in a country distant from his own that may today seem exaggerated to the point of adulation. He was the new Hoffmann, a supreme and innovatory exponent of the *conte fantastique*, achieving unprecedented effects of mystery and horror in tales such as *The Fall of the House of Usher* which Claude Debussy later attempted to transform into an opera. He was a major poet, the creator of *The Raven* whose reincarnation as *Le Corbeau* uttering the cryptic message 'Nevermore' even became a visual motif in the art of Manet and Gauguin. He was a profound critic and thinker whose reflections on the creative act in his essays *The Rationale of Verse* and *The Philosophy of Composition* attracted the loyalties of intellectual poets such as Mallarmé and Paul Valéry. He was a supreme instance of the 'poète maudit', the genius as avant-garde outsider, whose apparently corrupt and decadent life-style perversely proclaimed a bohemian superiority to bourgeois conventionality. He quickly became more than an admired figure in the cosmopolitan taste of the French; he was generally accepted as an integral part of the French literary scene, and widely regarded as one of its archetypes. All writers of *contes fantastiques* from mid-century onwards, were aware of a relationship between their texts and the example he had set. The techniques by which he had evoked macabre and bizarre forces in the human psyche were adapted and renewed by French virtuosi of cruel and fantastic tales, including Maupassant. Even today, although his mythic stature has greatly diminished, his reputation as master of horror and as initiator of early forms of science fiction and detective mysteries is intact and has even been enhanced by adaptations of his tales for the cinema.

For all the extensiveness of this adoption of Poe by the French, Charles Baudelaire remains both the initiator of the whole process and its central figure. Freely adapted French versions of Poe's tales had begun to appear in Paris in the mid-1840s, but Baudelaire quickly outshone them in the early 1850s in translations that combine the linguistic skills of a poet with the fidelity to the original texts of a lucid admirer of Poe. These translations have remained standard ones ever since. First published individually in reviews and the press, they soon appeared as *recueils*, initially *Histoires extraordinaires* (1856) and *Nouvelles Histoires extraordinaires* (1857), each of which had an introductory essay by Baudelaire: *Edgar Poe, sa vie et ses œuvres* and the *Notes nouvelles sur Edgar Poe* quoted above.

It was through Baudelaire that Poe's æsthetic of short fiction, which remains central to discussions of the genre to this day, became familiar to the French.

## Gustave Flaubert: *Un Cœur simple*

A central episode in Flaubert's *Madame Bovary* is the 'comices agricoles' chapter in which Emma Bovary pursues her quest for adulterous but perfect love in the incongruous setting of an agricultural fair. Flaubert juxtaposes Emma's lofty language of Romantic passion with the banalities of rustic life: the farm animals and the petty pomp of a prize-giving. Amongst the prize-winners is Catherine Leroux, an old and deaf peasant woman, who wins a silver medal and twenty-five francs for fifty-four years of service to the community.[7] She stands utterly confused at suddenly being the centre of the attention of her bourgeois masters: 'Ainsi se tenait devant ces bourgeois épanouis ce demi-siècle de servitude'. When she understands that the prize is hers, she is overcome with happiness: 'Alors un sourire de béatitude se répandit sur sa figure et on l'entendait qui marmottait en s'en allant: "Je la donnerai au curé de chez nous, pour qu'il me dise des messes." ' She is a minor character who appears only fleetingly in *Madame Bovary*, but the pattern of her existence is repeated and developed in *Un Cœur simple*. Félicité, like Catherine, finds happiness through religion after half a century of serving the interests of her social superiors. Flaubert even jogs our memory in the text of *Un Cœur simple* when, at the end of the second part, we learn that the married name of Félicité's sister is Leroux.

Although criticism of the bourgeoisie is implied in both cases, the success of Catherine and Félicité is ambivalent. The bourgeois suffer no remorse or retribution; the two women turn to a purely private idealism. Uneducated simplicity would seem to be a prerequisite of Catherine's fulfilment, and Félicité achieves the state that her name expresses through a perplexing agent: Loulou. *Un Cœur simple* ends with Félicité's vision of a gigantic parrot in the heavens as she dies in a state of religious bliss. Loulou the parrot, now dead and stuffed and worm-eaten, has been transformed into an original and bizarre version of the Holy Ghost. How is the reader to judge this apotheosis? Flaubert, no doubt anticipating sceptical reactions, claimed in a letter to George Sand of 19 June 1876 that Félicité's situation should excite not irony but pathos: 'Cela n'est nullement ironique comme vous le supposez, mais au contraire très sérieux et très triste. Je veux apitoyer, faire pleurer les âmes sensibles, en étant une moi-même.'[8] Such a remark, however, merely serves to compound the difficulties, as irony is clearly present in Loulou's final domination of the *conte*. What conclusion is the reader to reach?

Two decades before *Un Cœur simple* was published as the first text in *Trois contes* (1877), the appearance of *Madame Bovary* had provoked much broader problems of judgement, culminating in a law case. Its plot, in which Emma Bovary commits adultery and finally suicide, caused moral offence. Flaubert was accused of depicting adultery without offering the reader moral guidance as to how it should be judged, and of representing banal and distasteful aspects of life in distressing detail. Such a novel was an affront to readers who expected the arts to offer an ennobling or instructive vision of the world. To Flaubert, accusations of subversion through immorality or realism were wholly irrelevant to the text of *Madame Bovary*. Its subject-matter, the suicide of a doctor's wife in a modern rural environment, was only a means to a greater end: the depiction of the varying and contradictory ways in which the characters in the novel interpreted their environment. The agricultural fair has quite different significance for Emma, Catherine Leroux, and also for all the other individuals who participated in the event. By developing innovatory narrative techniques in which multiple perspective gave apparent autonomy to the consciousness of each character, excluding any intrusive authorial didacticism, Flaubert was able to offer the ironic spectacle of coexisting but wildly divergent interpretations of the same world. His subject was neither morality nor realism but the processes by which we interpret the world and give it meaning. Individuals desire conclusions about their own identity and their lives, but these are shown to be subjective and personal, stripped of certainty and permanence, steeped in the ephemeral prejudices and conventions of society. There are no certain or absolute truths; each individual constructs his or her own outlook. What is being subverted by Flaubert is not morality but the reader's confidence in simple and meaningful conclusions. Nor can the reader take comfort in superiority over the fictional characters. Just as the apotheosis of Loulou is bewildering, so does the actual text of *Madame Bovary* often seem ambiguous in the absence of stable authorial judgements. As readers we have to acknowledge that, much as we criticise the foolishness of characters' interpretations of the world, we share their difficulties in fixing meaning at the level of interpreting the text.

In *Un Cœur simple*, the meaning Loulou acquires for Félicité, disconcerting as it is, is the result of a lengthy formation of beliefs as she interpreted her environment over the years. Loulou became the embodiment of love, as all the objects of Félicité's altruistic affections have died or departed, including Loulou himself in his living form. In her religious education, brief and limited as it is, she learnt that the Holy Ghost is conventionally depicted as a bird: a dove. In the simple heart of Félicité, a parrot can only be an improvement on a dove as it is a better communicator. She jumps to conclusions that are ironically incongruous but possess their own logic and coherence. Her outlook even has a kind of superiority over the educated bourgeois who dominate her life. Like Catherine Leroux, her altruism and uneducated simplicity remove her from the egotistical self-interest of those to whom she is a servant.

Flaubert's use of time in *Un Cœur simple* emphasises the slow but continuous development of Félicité's beliefs. The time-scale of the *conte* is the life of Félicité herself, that is to say a scope normally associated with the novel and that might seem contrary to short fiction form, where limitation to a single focus or incident is the norm. Although Flaubert does here use a lengthier format than many *contes* and even divide the text into sections, he solves the problem of reconciling this time-scale with brevity chiefly through perspective. The passing of the years is described initially impersonally, but with growing emphasis on Félicité's perspective. Events come to be seen through the selective filter of the meaning they have for her. The Revolution of 1830, which finally ousted the Bourbon monarchy from power in France, is significant in *Un Cœur simple* for a less momentous change: the arrival of Loulou, the possession of a newly appointed local government official. The 1848 Revolution has no mention, because it brought no change to Félicité, but March 1853 is a moment of cataclysmic change as the time of the death of Madame Aubain. As Félicité becomes increasingly deaf and limited in her outlook, the scope of the *conte* shares that limitation, despite the shifting perspective, until the reader's whole attention is focussed exclusively on Félicité's final and private vision of the transfigured Loulou.

The reader's reactions to Félicité's religious beliefs can in addition be influenced by the two stories that complete *Trois Contes*. The second, *La Légende de Saint Julien l'Hospitalier*, tells the life-story of a medieval saint who finally achieves religious fulfilment through serving others as a ferryman and whose death takes the form of an ecstatic ascension to the heavens. The third, *Hérodias*, concerns the death of Saint John the Baptist, the servant of Christ who is a victim of the self-interest of Herodias, Salome, and of various factions of ancient Judaea. Using the *recueil* principle, Flaubert suggests parallels between the three stories that lead the reader to reflect on themes of altruistic service, religious idealism, and happiness. Such reflections tend to enrich and complicate our perceptions of Félicité rather than offering simple patterns. What, for example, do we infer from a suggested comparison between her and Saint John the Baptist? Ambivalence and flaubertian irony again exclude straightforward conclusions.

*Un Cœur simple* is an outstanding example of the flexibilty of short story form. Flaubert uses a number of features and techniques of short fiction established by writers of the Romantic period, such as the thematic directive of Félicité's symbolic name, but he also continues in it the radical experimentation he had practised in *Madame Bovary*. He furthered the case for viewing short fiction not as an intrinsically popular or secondary genre but as a literary form of the highest potential. Although even he followed the established short fiction practice of publishing each of the *Trois Contes* individually in the press before they appeared together as a volume, he strove to maintain disinterested independence of the constraints and demands of journalism. He did not depend for his literary well-being on the commercial fortune of his creations, unlike many writers of *contes*, including his protégé Maupassant.

## Guy de Maupassant: *Mon Oncle Jules*

*Mon Oncle Jules* was first published on 7 August 1883 in a newspaper, *Le Gaulois*, and appeared in a *recueil* of Maupassant *contes*, *Miss Harriet*, in the spring of 1884. This procedure of publishing a story twice, first in a newspaper and secondly as part of a book, was a well established one, a link between the press and short fiction that goes back to the time of Balzac. The press publicity of publication in newspapers widened a writer's reputation; *contes* in turn were a potential stimulus to newspaper sales. It was a commercial relationship that suited both parties, similar to the serialisation of new novels in the press that was habitual from Balzac to Zola and beyond. Literature became to an extent a market commodity.

Newspapers themselves had evolved through the nineteenth century from modest beginnings and harsh struggles over censorship and freedom of expression to the foundation of modern journalism. In Maupassant's time, liberalisation of the press took a dramatic step forward with 'la loi du 29 juillet 1881', a law that codified increased press freedom in relation to the institutions of the Third Republic. In the 1880s newspapers became increasingly vigorous and influential.[9] *Le Gaulois*, a primary outlet for Maupassant's stories, was enjoying a new lease of life. In 1879 it had been purchased by a rising personality in the Parisian press, Arthur Meyer, who succeeded from 1882 onwards in imposing his personal control over its fortunes, both journalistic and financial. Politically, *Le Gaulois* echoed the right-wing sympathies of Meyer, supporting monarchist opposition to the Third Republic. Its readership included a reactionary 'haute bourgeoisie' and even the remnants of the French nobility. Its coverage of social news, however, was more diversified, and its arts policies were liberal. It organised exhibitions of modern and controversial painting. In the early days of Meyer's control it had serialised a novel by Zola: *Pot-bouille*.

The relationship between Maupassant and the press was complex. He had no loyalty to *Le Gaulois* and published *contes* in other newspapers. On the other hand, he was a professional writer, in need of income from the sales of his works. He had given up employment as a civil servant on the basis of early successes, becoming part of the network of press and financial interests that he himself analysed and exposed in his novel *Bel-Ami* (1885).

Some commentators, notably Jean-Paul Sartre, have suggested that Maupassant's involvement with the media and entertainment entailed a compromise in terms of literary form. Sartre reproaches Maupassant in *Qu'est-ce que la littérature?* with writing in a way that flatters and reassures a bourgeois readership.[10] According to Sartre, Maupassant depicts a stable social world that is temporally disturbed by disorderly events but finally reasserts its orderliness. The reader experiences a moment of surprise or anxiety but is relieved and amused to discover that it poses no lasting threat. Some of the slighter of Maupassant's more than three hundred short stories do indeed follow this pattern. More substantial *contes* such as *Mon Oncle Jules* perhaps also contain elements of compromise between the disorderly and the orderly. To be sure, Joseph Davranche has had the revelation that the apparent well-being of his family was only superficial, concealing hitherto unsuspected hypocrisy and self-interest. The *cadre* of the story tells us that Joseph does not forget this revelation in later life, repeatedly giving money to social outcasts reminiscent of his uncle. However, his life seems otherwise unchanged, and he in no way shares the traumatic change of life that his uncle has suffered. The threat to the orderliness of the Davranche family unit is overcome by the simple rejection of Jules's return. Joseph's giving of charity to beggars becomes part of an orderly social fabric.

Joseph Davranche's discovery that appearances are deceptive is nevertheless typical of the underlying pessimism that pervades Maupassant's stories. Characters repeatedly suffer reversals of fortune that reveal unwelcome hidden truths. Such revelations can at times inflict cruel suffering on a character, and they can also attack the sensibility of the reader. In *Boule de Suif*, for example, the reader, witnessing the hypocritical representatives of social hierarchies imposing suffering on a prostitute who is in many ways superior to them, is forced to question social values. The constant possibility that such revelations will occur again implies a more general underlying pessimism in Maupassant that is far from reassuring. Our knowledge of the world will always be subject to uncertainty, because the possibility of further painful revelations cannot be excluded. Life is probably worse than we believe it to be, because we are unable to know or understand the forces that affect us.

This pessimistic view of human knowledge recalls Maupassant's literary mentor in the 1870s: Gustave Flaubert. Although Maupassant's involvement in journalism is distant from the disinterested and elevated literary stance of Flaubert, the two writers share a bleak view of man's endeavours to understand and control the world in which he lives.

## Guy de Maupassant: *Lettre d'un fou*

*Lettre d'un fou* is a *conte fantastique*. Like the short fiction of Hoffmann and Poe, it blurs the distinction between the rational and the irrational in order to evoke fear and madness. Although Maupassant wrote *contes fantastiques* throughout his literary career, they have often been neglected or underestimated. It was even customary at one time to see them as an indirect expression of his personal medical history. The congenital and hereditary health problems that seem to have affected his family, in addition to the syphilis from which he suffered and died, were thought to have given him an obsession with disease and incipient madness that he sublimated through fictional accounts of the sickly and the paranormal. Today such biographical explanations are judged simplistic, and it is acknowledged that Maupassant's exploration of bizarre and disquieting states of mind relates to a broader context: the profound shift in conceptions of the human personality that occurred during the fin-de-siècle. *Lettre d'un fou* was published in a newspaper, *Gil Blas*, on 17 February 1885. In the same year the young Sigmund Freud came to Paris to study with Charcot (1825-93), the French experimental scientist whose work on hysteria and nervous disorders was challenging accepted views of the human psyche and setting the agenda for modern psychiatry. In Parisian avant-garde literature that year, the key-note was on decadence, a pessimistic rejection of social progress in favour of a cult of introspective dreaming and eccentric individualism. Chief among the role-models of the Decadents were Baudelaire and Poe. The topic of madness was at the centre of a wide scientific and literary debate.

Maupassant was by no stretch of the imagination a scientist or a philosopher, but his writings do show acute receptiveness to the ideas of his contemporaries. Like all his generation he was aware of the undermining of religious and transcendental values brought about by science and particularly by Darwin's *On The Origin of Species by Natural Selection* which appeared in French translation in 1862. Flaubert's rejection of dogmatic conclusions, impressed on Maupassant when he was his literary disciple, reflected a more general acceptance of relativism, a dismissal of absolute or essential truths in favour of the varying and relative truths that are observable in the world. The tendency to shift the basis of our interpretation of reality from objective certainties to subjective uncertainties led to a vogue for German philosophers of the Romantic period who had proposed just such views. In particular new attention was paid to Schopenhauer (1788-1860) and his investigations of the extent to which the world exists simply as the representation our minds create of it, a solipsistic illusion.

The closest Maupassant came to summarising his position on such questions was his essay *Le Roman* (1887), a statement of his attitudes and beliefs from the latter part of his brief literary career.[11] In it he claims that realist writers should be called illusionists, not simply because a realist text gives us the illusion of witnessing reality, but also because reality itself is an illusion:

> Quel enfantillage, d'ailleurs, de croire à la réalité puisque nous portons chacun la nôtre dans notre pensée et dans nos organes. Nos yeux, nos oreilles, notre odorat, notre goût différents créent autant de vérités qu'il y a hommes sur la terre. Et nos esprits qui reçoivent les instructions de ces organes, diversement impressionnés, comprennent, analysent et jugent comme si chacun de nous appartenait à une autre race.
>
> Chacun de nous se fait donc simplement une illusion du monde, illusion poétique, sentimentale, joyeuse, mélancolique, sale ou lugubre suivant sa nature. Et l'écrivain n'a d'autre mission que de reproduire fidèlement cette illusion avec tous les procédés d'art qu'il a appris et dont il peut disposer.

Every human being, according to Maupassant, gathers information about the world through sense perceptions that are particular to him or her, and interprets these data through individual mental processes. Objective certainties are fallacious.

The madman in *Lettre d'un fou* pursues similar thoughts about the limitations of what an individual can know. Although it is a sentence from an eighteenth-century writer, Montesquieu, that changes his view of the world, the paradoxically dark clarity that enters his mind belongs very much to the late nineteenth-century. He experiences irrational fear and faces the terrifying possibility that he is sharing his home with an invisible creature, existing at or beyond the limit of his sense perceptions. Maupassant later developed this episode from *Lettre d'un fou* and gave the creature a name in his most famous *conte fantastique*: *Le Horla*. The Horla is an invisible creature that has reached Normandy as an unseen stowaway on a ship, and threatens not only to destroy the reason of the principal character of the story but also potentially to be the vanguard of an invasion. Reduced to plot summary, the notion of the Horla belongs to the fanciful realms of early science fiction that H.G. Wells would popularise during the 1890s. However, it must be remembered, Maupassant's narrative does not simply suggest that the Horla exists. As readers we are no more certain about how we should react to it than we are about whether or not the madman is truly mad. This is borne out by Maupassant's choice of narrative technique, notably in his use of perspective. *Lettre d'un fou* uses the first-person perspective of letter-form, but within a curious form of *cadre* whereby the letter-writer presents his own text, inviting the doctor who is the addressee to judge it and putting the reader in the position of wondering what that judgement might be. Maupassant wrote two versions of *Le Horla*. In the first version, he uses a more varied perspective. A doctor has assembled a panel of scientists in an asylum to hear a madman tell the story of his loss of reason. The doctor is the dominant narrative voice of the *cadre*, introducing the madman's spoken narration of his own story and ending it by confessing that he cannot explain or judge it. In the second and final version of *Le Horla* Maupassant reverts to concentration on the single perspective of the madman by making him the only narrative voice, omitting any mention of a doctor, and presenting the whole *conte* as the madman's diary, ending in his decision to commit suicide. Diary-form, like letter-form, gives dramatic intensity to a *conte fantastique* that multiple perspective tends to dissipate. It also leaves intact the reader's doubts and uncertainty about what we mean by reality and madness.

In both *Mon Oncle Jules* and *Lettre d'un fou* surface appearances do not correspond to simple realitities. The unwelcome revelation of the unknown introduces cruelty and suffering into each story. In addition to the entertainer that he undoubtedly was, Maupassant was a skilful analyst of the speculations and doubts about social and psychological behaviour experienced by Frenchmen of his generation. His realist and fantastic tales are not, in the end, so very different from one another. The term 'realist' seems therefore problematic when applied to Maupassant, and belongs perhaps more convincingly to writers such as Daudet or Zola.

## Alphonse Daudet: *La Partie de billard*

*La Partie de billard*, for all its brevity, encapsulates a major historical event: the Franco-Prussian War.

On 19 July 1870, France declared war on Prussia. It was, in a sense, an unnecessary war. The Second Empire, with Napoleon III at its head, was under no immediate threat, either from abroad or from within France. It had survived a politically complex process of liberalisation during the economically difficult years of the 1860s. The economic expansion of the 1850s, with its consumer boom, had gone, but so too had much of the state authoritarianism that had accompanied it. A plebiscite on constitutional reform in May 1870 had given Napoleon III huge support, suggesting a new stabilisation of his Empire. The Emperor's approach to foreign policy, however, was to prove far from stabilizing. For some time, the cause of the unification of Germany, championed by Bismarck, and the expansion of Prussian influence in Europe had been perceived by the French as a threat to their own interests. Early in 1870, the Prussians sought to extend their influence to Spain by attempting to install a member of the Hohenzollern family on the vacant Spanish throne. Although this plan was abandoned amid general acrimony, the incident worsened Franco-Prussian relations further, especially following the so-called Ems telegram, a diplomatic conspiracy, concocted mainly by Bismarck, whereby a haughty and insulting response greeted French demands that Prussia should agree not to repeat such machinations. Napoeon III decided, against the advice of many French statesmen, to teach the Prussians a lesson in a short punitive war. Despite misgivings about the justice of the war, the French for the most part were confident of victory. Napoleon III's uncle had been a military genius, whose final defeat at Waterloo was overshadowed in popular memory by the glorious victories that had preceded it. Although the military campaigns of the Second Empire had by no means been distinguished, France remained a major international power. The war was nonetheless an unmitigated disaster for the French. The Prussian army was technologically superior and its command structures were altogether more efficient than their French counterparts. The French suffered a series of crushing military defeats during August, and at the very beginning of September were humiliated at the battle of Sedan. Napoleon III was made prisoner and the Second Empire collapsed. On 4 September in Paris, a new Government of National Defence was founded to face the Prussian threat, and the Third Republic was declared, although its republican institutions would take years to establish.

The winter of 1870-1 saw no improvement, in that the Prussians laid siege to Paris itself, exacting a costly peace from the French that would include the loss of Alsace and of much of Lorraine. The sense of national trauma was intensified still further by the tragedy of the Commune that accompanied the latter part of the siege of Paris. The Commune was an attempt by large sections of the inhabitants of Paris to establish self-government in the name of radical republican principles. The exact nature of those principles was complex and has been interpreted with uncertainty by historians ever since. What is certain is that after two months of existence (March-May 1871) the Commune was destroyed by the new French government in a blood-bath of repression known as 'la semaine sanglante'. The trauma of civil war was added to that of national defeat. France was divided as well as defeated.

The echoes of 1870-1 in French culture and literature were widespread and also lengthy. The most celebrated fictional account of the war and the Commune, Zola's novel *La Débâcle*, was written twenty years afterwards. One of the most immediate and direct literary responses came in the form of short fiction: Alphonse Daudet's *Contes du lundi* (1873). Their title comes from their origins in journalism. In the early 1870s Daudet regularly published short stories in the Monday editions of three Parisian newpapers: *Le Soir*, *L'Evénement*, and *Le Bien Public*. The *recueil Contes du lundi* consists of a selection from these Monday tales, grouped in two parts. The first part, and by far the longer one, brings together stories that have to do with the historical events of 1870-1 under the title *La Fantaisie et l'histoire*. The second part, *Caprices et souvenirs* has no central focus and is of uneven interest. The stories of *La Fantaisie et l'histoire* together show a certain consistency of attitude towards the Franco-Prussian War and the Commune. Daudet was politically a conservative nationalist from a broadly monarchist background, and these values do appear, chiefly in his unsympathetic portrayal of the Commune. But, for Daudet, moral considerations take precedence over the overtly political, and patriotism emerges as a dominant issue, as in stories that dramatise the loss of Alsace. Patriotism in relation to the Franco-Prussian War, however, is inevitably complicated by the fact that much of the blame for the French defeat lay undeniably with the political and military establishment of the Second Empire. *La Partie de billard* tackles precisely this problem, as Zola noted when he read *Contes du lundi* at the time of their publication:

> Je ne puis tout citer, mais quel tableau terrible dans sa simplicité dans *La Partie de billard*! Les soldats attendent sous la pluie, pendant que le maréchal fait la partie. Le canon gronde, les mitrailleuses grincent, la boue des chemins devient rouge, et quand le maréchal a gagné, la bataille est perdue. Tous nos désastres sont là, en six pages.[12]

The French have been defeated by the Prussians and by the unbelievable ineptness of the Second Empire high command.

Zola's reaction expresses approval both of Daudet's judgement of the war and of the concentrated simplicity of its expression. This brevity is achieved by focussing the whole story not on documentary history but on the fictional billiard game. Daudet did not represent the Franco-Prussian War by describing an identifiable battle or summarising historical data, but by typifying it through the image of the game of billiards. The destiny of individuals is not infrequently compared by writers to a game, albeit a game whose outcome can be influenced by the tactics and self-interest of the players. Mérimée implied as much in *La Partie de trictrac* where Roger's cheating at backgammon changed not only his life but also the lives of all around him. The officers playing billiards in Daudet's *La Partie de billard* are not guilty of cheating as regards the rules of the game, but by playing at all they are guilty of a different kind of betrayal from Roger's. They have betrayed the men of the French army, the interests of the French people, and France itself.

*La Partie de billard* was first published in *Le Soir* on 26 September 1871. It was an immediate reaction to the events of 1870-1 and was written before the consequences of the war and the Commune were at all clear. A decade later, Zola's *Jacques Damour* would show some of those consequences.

## Zola: *Jacques Damour*

In 1880 a *recueil* of *contes* was published in Paris entitled *Les Soirées de Médan*. It contained six stories, each by a different author and all on the same subject: the Franco-Prussian War. The conventional *recueil* in which different subjects are treated by the same writer had been inverted, giving a mosaic of writers as well as a mosaic of stories. At the centre of the mosaic was Emile Zola, who possessed a house at Médan, on the outskirts of Paris. The title of the *recueil* meant evenings spent with Zola. The other five writers were younger than Zola, and were all regarded at the time as his literary allies. Zola had achieved fame and prestige, partly through the highly controversial success of *L'Assommoir* (1876), in which he had broached the provocatively realist theme of working-class alcoholism in Second Empire Paris. Success was leading him to contemplate founding a literary school, grouping younger writers around him to pursue the literary aims practised in *L'Assommoir*. *Les Soirées de Médan* was an act of publicity and propaganda, intended to proclaim the existence of such a group.

No such literary school resulted. The chief claim to fame of *Les Soirées de Médan* today is that it contained the first publication of one of the most celebrated short stories of French literature: Maupassant's *Boule de Suif*. Maupassant, however, never became a servant to Zola's ambitions and went his own way, as did the only other major writer in the Médan group: Huysmans, author of the decadent and anti-realist *A Rebours* (1884). The other three potential disciples were relatively minor figures of whom only one remained faithful to Zola: Paul Alexis. Zola's own *conte* in *Les Soirées de Médan, L'Attaque du moulin,* is a well written tale, a penetrating account of the dilemmas of hostage-taking, but it does not impose itself as the central piece of the mosaic. Although it achieved some notoriety in 1893 when it was transformed into an opera by Alfred Bruneau (1857-1934), a composer closely associated with Zola, it was no match for *Boule de Suif.* The *Soirées de Médan* project could therefore be seen as a failure, in that it did not live up to its programme as literary propoganda. On the other hand, it is hard to dismiss the *recueil* that contained *Boule de Suif* as a failure, and its depiction of the Franco-Prussian War is quite as striking, in its own way, as Daudet's *Contes du lundi.*

The ambivalence surrounding *Les Soirées de Médan* arises from the fact that we inevitably read it on two levels. We judge it partly by the private pleasure it offers as an unusual and varied *recueil,* and we also see it as a public gesture by Zola, almost as a kind of publicity stunt. This corresponds, of course, to a general feature of *contes,* since they belong both to the private domain of disinterested literary experiment, and to the public domain of publicity and journalism. The case of Zola is, however, particularly extreme in this respect, because of his life-long commitment to both spheres of activity. In addition to being the most successful novelist of his generation, he repeatedly committed himself to the defence of principles and causes. From his support of the paintings of Manet in the 1860s in the face of public disapproval to his leading role in the Dreyfus affair, he repeatedly fought combative campaigns in the public arena, chiefly through journalism.

It is therefore not surprising that his short fiction constantly enters this public arena, in one way or another, and that his periods of intense activity in short fiction tend to coincide with times when he was active in journalism. His first short stories, the early *Contes à Ninon* (1864), were clearly designed to launch his literary career, and he was careful to orchestrate the press publicity surrounding them. Like Balzac, Zola was aware of the value of *contes* during a time of literary apprenticeship. *Jacques Damour,* like a number of his *contes* of the 1870s, relates to a quite different kind of journalism. From 1874 onwards, Zola was a regular contributor to *Viestnik Evropy,* a Russian-language journal based in Saint Petersburg known in France as *Le Messager de l'Europe.*[13] Turgenev, resident in France in the early 1870s, had initiated this link between Zola and Saint Petersburg and Zola subsequently developed a working relationship with *Le Messager de l'Europe* that lasted several years, giving him welcome publicity in Russia. His contributions could vary in type, allowing him to publish a novel in serialised form, or to write a column of literary criticism and comment, or to publish a short story. *Jacques Damour* was first published in *Le Messager de l'Europe* in August 1880. Later it appeared in the French press. It was serialised, unusually for a short story but understandably in view of its length, in *Le Figaro* in the Spring of 1883. Later that year, it figured as the final story in a *recueil* of stories by Zola entitled *Naïs Micoulin*.

*Jacques Damour* has, therefore, in common with much of Zola's short fiction, links with the public arena of journalism, and this is greatly reinforced by its subject-matter. When *Jacques Damour* first appeared, its subject was highly topical. Jacques is a working-class republican who had participated in the Commune of 1871. He escaped death in the savage repression of the Commune by Thiers and the French army, but was exiled, along with large numbers of former *communards*, to the South Pacific French colony of New Caledonia. Zola's story concerns his return to France. When Zola wrote *Jacques Damour*, the French government had only recently legalised the return of exiled *communards*. In the late 1870s, a pardon for the remaining prisoners had been suggested, and an amnesty was declared in 1880. The Third Republic, fearing no threat from them, allowed these banished republicans to reintegrate themselves into French society. How easy would this reintegration be? *Jacques Damour* proposes an answer to this question. In the first place, reintegration is impossible, symbolised by the remarriage of Jacques' wife. A confrontation between her new husband and Jacques seems inevitable, a clash between the returning republican and the changing new world of the Third Republic. But this confrontation never occurs. All the characters slip into opportunistic acceptance of the situation. The intervention of his daughter, who is by no means a representative of lost family values, offers Jacques a convenient escape from his dilemma. Moral and political principles prove less important than convenient compromise and opportunism. At the end of the *conte* Jacques continues to speak the language of bloody revolution (up-dated by reading utopian anarchist newspapers) and still promises vengeance on behalf of Eugène, but, when it comes to action, he simply goes fishing.

Opportunism was a general feature of France in the early 1880s. French historians refer to this period as 'La République opportuniste'. The 1870s had seen the very slow and difficult birth of the Third Republic. France was deeply divided after the Franco-Prussian War, and many forces threatened the existence of the new Republic, including moves to reintroduce a monarchy. Only in 1876-7 did its survival seem certain, as its institutions were at last put in place. Leading republican politicians nevertheless remained cautious in the years that followed. They made symbolic gestures in the name of the new Republic, such as the amnesty of *communards*. Bastille Day became the 'fête nationale' and *La Marseillaise* the national anthem. In their plans for social and political reforms, however, republican politicians practised the art of expedient compromise. The uncompromising radicals of 1871, such as Léon Gambetta, became 'opportunistes'. In *Jacques Damour* opportunism is treated with irony. The sacrifice of principle to expediency is presented as incongruous. Jacques' successful reintegration into society is at the cost of a failure of integrity. His marital misfortune is finally closer to farce than tragedy. Zola presents us with a comedy of opportunism, with implicit criticism of its cost.

The interest of *Jacques Damour*, therefore, for those who read it initially in *Le Figaro* in 1883, was topical. It interpreted the amnesty of the *communards* in terms that had political as well as social implications. Like all Zola's short fiction, however, it also has broader dimensions. Its scope is not limited to the topical any more than that of *Les Soirées de Médan* is limited to ephemeral literary propaganda. Most strikingly, perhaps, *Jacques Damour* overlaps with the fictional universe of Zola's novels. Jacques' background is the working-class Paris of *L'Assommoir*. His brief spell as a miner and his haphazard education in politics anticipates *Germinal* (1885). The description of Sagnard's butcher's shop recalls the depiction of Parisian markets in *Le Ventre de Paris* (1874). The length of the story, which enables Zola to vary its location from New Caledonia to Paris, also allows him to display a varied sample of the descriptive skills that are so important in his novels. Just as Flaubert's *Un Cœur simple* reminds us of *Madame Bovary*, so does *Jacques Damour* remind us of Zola the novelist.

## Alphonse Allais: *Plaisirs d'été*

Parisians in 1883 who had read Zola's newly published *Jacques Damour* and felt the need for further entertainment could pay a visit to a very odd and very enjoyable exhibition: the *Exposition des Arts Incohérents*. Parody and anarchic humour were the hall-mark of the *Incohérents*.[14] Founded the previous year by a minor but colourfully eccentric writer, Jules Lévy (1857-1935), this uncompromisingly incoherent organisation was to enjoy immense success during the 1880s. Incoherent exhibitions and social events delighted Parisians. Today, with the benefit of hindsight, we can see in their subversive scorn for coherence a foretaste of Dadaism and Surrealism. Among the exhibits at the 1883 exhibition was a totally blank rectangle of white paper entitled *Première communion de jeunes filles chlorotiques par un temps de neige*. It was the creation of Alphonse Allais. The following year, Allais exhibited a red rectangle with the caption *Récolte de la tomate, sur le bord de la mer rouge, par des Cardinaux apoplectiques. (Effet d'aurore boréale)*. The linguistic inventiveness of these 'monochroïdes' points to Allais's true speciality: short fiction. During the last two decades of the century, he established himself as a supreme practitioner of the comic short story.

*Les Art Incohérents* was very far from being an isolated phenomenon. Its perverse humour, its blend of art and anarchy, its boisterous sociability, and its cult of the unconventional are typical of a bohemian subculture that stretches back to the Romantics and that, in the 1880s, took on a form that is now legendary: Montmartre. Everyone is familiar with some aspect of the legend of Montmartre, whether it be through the paintings of Toulouse-Lautrec or the songs of Aristide Bruant. Central to the creation of this legend was neither *Le Moulin Rouge* that has captured the popular imagination, nor *Les Arts Incohérents*, but *Le Chat Noir*.[15] *Le Chat Noir* was in the first place a cabaret, in the sense of a tavern, founded by a failed painter, Rodolphe Salis. It was a new kind of cabaret, resembling literary cafés of the past by declaring itself a centre for the arts, but incorporating all the features of what would become known as Montmartre bohemianism. Writers, painters, and musicians flocked to it. Very early in its existence it launched a journal, called *Le Chat Noir*, whose contributors included a wide range of writers and journalists. Alphonse Allais, in addition to being an occasional contributor to *Les Arts Incohérents*, was a central figure at *Le Chat Noir*, becoming editor of the journal in 1885.

Allais's literary career and fame are, then, inseparable from the Montmartre of the 1880s that he helped to create. His activities before and after the 1880s are also basic to his reputation as a writer.

Allais was born on precisely the same day as Arthur Rimbaud (20 October 1854), a literary coincidence that could be considered his first joke. More relevant to his short fiction is that he was born in Honfleur, on the Norman coast, and that his father was a pharmacist. Allais would learn later to exaggerate the stereotype of a Norman appearance and character to cultivate a wry and ironic humour that the French, with scant regard for the English Channel, also call 'l'humour anglais'. His initial choice of career now seems, compared to his later activities, an example of such wry humour. He decided to follow in his father's footsteps and simply become a pharmacist. When he first came to Paris, it was to study and train in pharmacy. He retained his interest in chemistry and the sciences throughout his life. References to chemical substances are abundant in his short stories, as are weird scientific inventions such as a corkscrew powered by tidal energy.

After the 1880s, Allais diversified his publishing activities. *Le Chat Noir* was already in decline in the early 1890s, and Allais began to work as a professional journalist for mainstream Parisian newspapers such as *Gil Blas* and *Le Journal*. His short stories were devoured eagerly by an ever widening Parisian public. In time-honoured fashion, Allais also collected his stories in *recueils*, the first of which, *A se tordre*, appeared in 1891. He cheerfully gave these *recueils* the global title *Œuvres anthumes*, as opposed to the *Œuvres posthumes* that he assumed, quite correctly, would appear after his death.

Three phases therefore contributed to the literary personality that Allais carefully cultivated and then projected into his stories as a narrative voice: the pharmaceutical Norman, the Montmartre bohemian, and the professional entertainer. All three figure in *Plaisirs d'été*. 'Le sulfure de baryum' is used to make the cat glow in the dark, and its chemical properties are explained to us with mock seriousness. The cat itself reminds us of *Le Chat noir*; both black cats have antecedents in Poe and Hoffmann. Bourgeois conventionality is attacked with bohemian scorn, as the narrator persecutes his victim. The humour is wry, but irresistible.

*Plaisirs d'été* was published in the *recueil Ne nous frappons pas* in 1900, five years before Allais's death. In 1940, it appeared in another anthology: André Breton's *Anthologie de l'humour noir*. Breton, as impresario and spokesman of French Surrealism as well as one of its leading practitioners, had brought together in his anthology of black humour an assemblage of disturbing and surreal humour from Jonathan Swift to the present day. Breton acknowledges that Allais seems at first sight out of place in such black company, but claims that an undercurrent of mental terrorism – 'une activité terroriste de l'esprit' – lurks beneath the benign surface of his comic prose.[16] *Plaisirs d'été* is, after all, concerned with the carefully premeditated murder of the narrator's neighbour, guilty of the offensive behaviour of gardening, regularly attending her local church for Mass, and loving her cat.

André Breton identified in Allais a feature that had been recurrent in short fiction throughout the nineteenth century: the coexistence of the entertaining and the disturbing, the dual pull of journalism and literature. From the time of Balzac to that of Zola, *contes* had repeatedly been enriched by this duality, although their prestige as literature was threatened by it. Was Alphonse Allais simply a gifted entertainer or was he a writer of stature? Breton clearly saw fine qualities in him, including masterful control of language: 'Il va sans dire que l'édification de ce mental château de cartes exige avant tout une connaissance approfondie de toutes les ressources qu'offre le langage.'[17] A contemporary of Allais, Jules Renard, put the matter more simply when he commented on hearing of Allais's death: 'On s'amuse à dire que c'était un grand chimiste. Mais non! C'était un grand écrivain.'[18]

## iii) Patterns and Problems

Each of the ten short stories in this selection from the time of Balzac to that of Zola is highly individual regarding its nineteenth-century context and its narrative features. Comparisons between them do, however, quickly reveal recurring themes and techniques. Some of these have been identified in the preceding section on the stories and their contexts, and others can be traced by perusing the stories with an eye for common details and tendencies. Patterns emerge regarding what short fiction has to offer us. Problems also emerge about what these patterns might mean regarding the nature of the short story and its distinctiveness as a literary genre.

These stories can, for example, be compared with one another for the way in which they represent the social and historical life of France. Specific historical events are present, such as the Terror of 1793, the Napoleonic Wars, the Franco-Prussian War and the Commune, or the return of political exiles under the Third Republic in 1880. More everyday social life can be perceived in the subjects of the stories and in the social hierarchies they reveal. The relationship between different social classes undergoes change from Balzac's Carentan to Flaubert's Pont-L'Evêque or Zola's Paris. The rise of a bourgeoisie in conflict with the nobility, and the appearance also of a working class unsure whether it should seek to destroy the bourgeoisie or to join it, can be discerned in the changes from Balzac's world to that of Zola. The relationships between Paris and the provinces, between industrialisation and rural tradition recur, including the effect they have on notions of community values such as patriotism and the family. Indeed, representation of the family unit is perhaps the common denominator in these reflections of social change. For Balzac's Madame de Dey, her parental bond with her son is the ultimate value, the basis of her entire existence. Balzac presents this with a moral nobility that endorses his own attachment to notions of family structure as a microcosm of enlightened authority, a nostalgia for monarchical stability. Zola's Jacques Damour accepts a relationship with his daughter as a modus vivendi, after the demise of his marriage, in a manner and in a context that are very distant from moral nobility. In Maupassant's *Mon Oncle Jules*, as in *Jacques Damour*, the family unit is threatened by the return of a member of it who is a misfit, but who in both cases has become excluded by circumstance rather than any kind of premeditation. This implies a weakening of family ties that is not the responsibility of individuals, but the result of forces beyond their control. As for Félicité in *Un Cœur simple*, she loses the possibility of having her own family, becoming the altruistic servant of that of Madame Aubain, and suffering uncomprehending ingratitude from her social superior. Only the death of her own daughter Virginie brings Madame Aubain to share emotion with Félicité; the departure and subsequent death of Félicité's nephew are dismissed by her as an irrelevance to her own comfortable social existence.

Common patterns exist also in the way in which the stories are written. Brevity is by definition limiting, but writers investigated and developed narrative techniques whereby those limitations could be turned to advantage. They sought to give modern expression to what Baudelaire, in writing about Gautier, called 'les bénéfices éternels de la contrainte'.[19] Description, for example, is restricted, compared to what can be achieved in the novel, but this can be a virtue. Restricted description can give intensity by concentrating on bare essentials, such as the simple contrast in Daudet's *La Partie de billard* between the luxurious Louis XIII château and the surrounding rain and mud of the battle. Description can even have such a specific focus that a detail becomes dominant, taking on complex thematic suggestiveness, as with the parrot in *Un Cœur simple* or Poe's cat or the foot in Gautier's *Le Pied de momie*. Rapid sketch-like exaggerations and distortions, similar to those of caricature, also combine brevity with suggestiveness, as in Allais's *Plaisirs d'été*. Characterisation, like description, is sparer than in a novel, but special techniques can compensate for this. Names can serve as a kind of symbolic short-hand; for example, Flaubert's Félicité achieves happiness, and Zola's Damour is ironically compromised regarding love. More generally, characterisation is greatly aided by wide use of the restricted perspective of first-person narrative, giving us sustained direct access to a protaganist's thoughts. The restricted time-scale that brevity imposes can bring even greater potential benefits. Many *contes* depict a moment of crisis. This can be a dramatic event, such as a death or a crime, as in the death of Balzac's Madame de Dey or the diabolical murder in Poe's *Black Cat*. It can highlight a sudden moment of surprise or reversal that produces a revelation, as in the discovery of the oyster-seller's identity in *Mon Oncle Jules* or the narrator's astonishment on waking beside the figurine at the end of *Le Pied de momie*. Such revelations can be made additionally vivid and memorable by making an instantaneous appeal to the reader's visual imagination. Not only do Flaubert's parrot or Poe's cat make a strong visual impact that dwells in the reader's memory, but whole 'tableaux' do so as well, as in our last view of Roger in Mérimée's

*Partie de trictrac* or in Zola's depiction of Sagnard's butcher's shop. Even subject-matter can be made to serve the cause of brevity. Journeys, for example, are a frequent plot device, giving an instantaneous narrative structure, and often gathering together diverse characters conveniently but convincingly as fellow travellers in a coach or other means of transport, such as the ship of Mérimée's *Partie de trictrac*.

The accumulation of these recurrent narrative features suggests that we can identify a pattern amounting to a poetics of short fiction, a set of narrative conventions that we could regard as an æsthetic. Problems, however, arise because there are so many exceptions to this pattern and so many breaches of any convention. Brevity itself is not a constant, as length must be a consideration in *Un Cœur simple* or *Jacques Damour*. If writers thought of *contes* in terms of restriction, they also thought of them in terms of diversity and freedom. Edgar Allan Poe's definition of the short story, so much admired by Baudelaire, as a form depending on unity of impression and totality of effect attributes to it qualities that are initially quite external to it, since he is applying criteria taken from another genre: poetry. Mérimée also implied that short fiction could be revitalised through cross-fertilisation with other genres, when he incorporated features of theatre, the novel and poetry into the narrative techniques of his *contes*. Poe and Mérimée were articulating a wide-spread assumption: short fiction is a hybrid form, crossing the divisions between genres, and this, far from being a defect, is basic to its strength. The ability of *contes* to tackle diverse subject-matter, from the realist to the fantastic, to represent different time-scales and any number of shades of irony, made it, especially during the Romantic period, a melting-pot. A symptom of this concerns terminology. It is confusing to find that the terms *conte* and *nouvelle* were used interchangeably in nineteenth-century France and that no systematic set of categories evolved to describe varying types of short fiction. That this was not done is, however, only natural because systematised categorisation was quite the contrary of the free experimentation that was associated with short fiction as a genre.

Attempts to define an æsthetic of nineteenth-century *contes* in terms of restrictive narrative techniques are therefore made problematic by the diversity short fiction acquired through free experimentation, including use of *recueils*. As a genre, *contes* were perceived as adaptable and free of prescribed limits. Freedom included not only experimentation with form but also emancipation from some of the functions that short fiction had fulfilled in the past. Foremost amongst these were the moralising and didactic tendencies of fable and parable. The 'contes à l'usage de la jeunesse'[20] that middle-class children read as part of their moral education were strictly for children. Adults could enjoy short fiction that had abandoned the didactic straight-jacket of moral instruction to explore more ambiguous domains. One new function that short fiction acquired, however, was not simply liberating: publication through journalism. Short fiction benefitted enormously from the mass audience provided by journalism, but did it also have to relinquish some of its freedom? Did the commercial law of supply and demand mean that it came to cater for the established taste of a specific readership? Did the experimentation of the Romantic period give way to a more conventional phase of short fiction as modern journalism grew and strengthened its ties with *contes*? Even Flaubert grudgingly accepted the relationship between *contes* and the press by permitting *Un Cœur simple* to be published initially in a newspaper, *Le Moniteur Universel.* Daudet, Maupassant, and Allais, were less coy, forging a close, albeit ambivalent, relationship with the press. Other art forms were, of course, affected by commercial forces in nineteenth-century France, but few, if any, saw their artistic probity questioned because of them as much as short stories.

Investigations of short fiction, whether they be from a social perspective or an æsthetic one or attempting to define its characteristics as a genre, inevitably encounter both patterns and problems, both answers to questions and new questions having no obvious answer. Editions of stories and studies of short fiction have debated these patterns and problems over the years. Below is a brief bibliography of such critical works, chiefly related to the nine writers in this selection, including some remarks about their scope and interest as further reading.

## Select Bibliography

### *General*

The following general surveys provide a great deal of information, including suggestions for further reading:

Castex, P.-G., *Le Conte fantastique en France de Nodier à Maupassant* (José Corti, 1951). Major survey of general trends and particular authors with chapters on Balzac, Gautier, Mérimée and Maupassant.

George, A.J., *Short Fiction in France 1800-1850* (Syracuse, 1964). Wide-ranging and detailed survey ending with Flaubert.

Propp, V., *Morphology of the Folk Tale* (Bloomington, 1958; first published in Russian in 1928). Structural analysis of folk tales by a

Russian formalist often cited in investigations of the genre of short fiction.

Reid, I., *The Short Story* (Methuen, 1977; Critical Idiom series). A brief but ambitious study of the genre of short fiction.

Shaw, V., *The Short Story: A Critical Introduction* (Longman, 1983). This excellent and very full study includes an extensive bibliography.

### *Authors*

Detailed studies of the writers in this selection are too numerous to list. Here are some particularly useful ones, including some recent critical editions:

Allais, A., *Œuvres Anthumes* (Robert Laffont, 1989). *Œuvres Posthumes* (Robert Laffont, 1990). Edition by François Caradec, including biographical information about Allais.

Balzac, H. de, *Short Stories*. Selected and edited by A.W. Raitt (Oxford University Press, 1964) Edition of nine stories by Balzac.

Bancquart, M.-C., *Maupassant, conteur fantastique* (Minard, 1976) Succinct investigation of the *fin-de-siècle* context of Maupassant's stories of the fantastic. See also Bancquart's edition of Maupassant: *Le Horla et autres contes cruels et fantastiques* (Garnier, 1976).

Culler, J., *Flaubert. The Uses of Uncertainty* (Paul Elek, 1974). Major study of Flaubert, analysing all his major works, including *Trois contes.*

Daudet, A., *Contes du lundi* (Garnier Flammarion, 1984). Edition by C. Becker.

Gans, E., *Un Pari contre l'histoire. Les premières nouvelles de Mérimée (Mosaïque)* (Minard 1972) Short and stimulating study of *Mosaïque* including its coherence as a *recueil.*

Gautier, T., *La Morte amoureuse, Avatar et autres récits fantastiques* (Gallimard, Folio, 1981). Edition by J. Gaudon.

Mérimée, P., *Théâtre de Clara Gazul, Romans et nouvelles* (Gallimard, Bibliothèque de la Pléiade, 1978). Very thorough critical edition by J. Mallion and P. Salomon.

Poe, E.A., *Contes, Essais, Poèmes* (Robert Laffont, 1989). Includes Baudelaire's translations. Edition by Claude Richard, containing a wealth of background and critical information.

Raitt, A.W., *Flaubert, Trois Contes* (Grant & Cutler, 1991; Critical Guides to French texts). A study of all three stories, with a chapter on *Un Cœur simple* and a useful bibliography.

Sullivan E., *Maupassant: the Short Stories* (Edward Arnold, 1962; Studies in French literature). Concise survey of Maupassant's short fiction.

Zola, E., *Contes et Nouvelles* (Gallimard, 1976; Bibliothèque de la Pléiade). Extensive critical edition by R. Ripoll of all of Zola's short fiction.

# 1

# *Le Réquisitionnaire*[21]

## Honoré de Balzac (1799-1850)

Par un soir du mois de novembre 1793, les principaux personnages de Carentan[22] se trouvaient dans le salon de madame de Dey, chez laquelle *l'assemblée* se tenait tous les jours. Quelques circonstances qui n'eussent point attiré l'attention d'une grande ville, mais qui devaient fortement en préoccuper une petite, prêtaient à ce rendez-vous habituel un intérêt inaccoutumé. La surveille, madame de Dey avait fermé sa porte à sa société, qu'elle s'était encore dispensée de recevoir la veille, en prétextant une indisposition. En temps ordinaire, ces deux événements eussent fait à Carentan le même effet que produit à Paris un *relâche* à tous les théâtres. Ces jours-là, l'existence est en quelque sorte incomplète. Mais, en 1793, la conduite de madame de Dey pouvait avoir les plus funestes résultats. La moindre démarche hasardée devenait alors presque toujours pour les nobles une question de vie ou de mort. Pour bien comprendre la curiosité vive et les étroites finesses qui animèrent pendant cette soirée les physionomies normandes de tous ces personnages, mais surtout pour partager les perplexités secrètes de madame de Dey, il est nécessaire d'expliquer le rôle qu'elle jouait à Carentan. La position critique dans laquelle elle se trouvait en ce moment ayant été sans doute celle de bien des gens pendant la Révolution, les sympathies de plus d'un lecteur achèveront de colorer ce récit.

Madame de Dey, veuve d'un lieutenant-général, chevalier des ordres,[23] avait quitté la cour au commencement de l'émigration.[24] Possédant des biens considérables aux environs de Carentan, elle s'y était réfugiée, en espérant que l'influence de la terreur s'y ferait peu sentir. Ce calcul, fondé sur une connaissance exacte du pays, était juste. La Révolution exerça peu de ravages en Basse-Normandie. Quoique madame de Dey ne vît jadis que les familles nobles du pays quand elle y venait visiter ses propriétés, elle avait, par politique, ouvert sa maison aux principaux bourgeois de la ville et aux nouvelles autorités, en s'efforçant de les rendre fiers de sa conquête, sans réveiller chez eux ni haine ni jalousie. Gracieuse et bonne, douée de cette inexprimable douceur qui sait plaire sans recourir à l'abaissement ou à la prière, elle avait réussi à se concilier l'estime générale par un tact exquis dont les sages avertissements lui permettaient de se tenir sur la ligne délicate où elle pouvait satisfaire aux exigences de cette société mêlée, sans humilier le rétif amour-propre des parvenus, ni choquer celui de ses anciens amis.

Agée d'environ trente-huit ans, elle conservait encore, non cette beauté fraîche et nourrie qui distingue les filles de la Basse-Normandie, mais une beauté grêle et pour ainsi dire aristocratique. Ses traits étaient fins et délicats; sa taille était souple et déliée. Quand elle parlait, son pâle visage paraissait s'éclairer et prendre de la vie. Ses grands yeux noirs étaient pleins d'affabilité, mais leur expression calme et religieuse semblait annoncer que le principe de son existence n'était plus en elle. Mariée à la fleur de l'âge avec un militaire vieux et jaloux, la fausseté de sa position au milieu d'une cour galante contribua beaucoup sans doute à répandre un voile de grave mélancolie sur une figure où les charmes et la vivacité de l'amour avaient dû briller autrefois. Obligée de réprimer sans cesse les mouvements naïfs, les émotions de la femme alors qu'elle sent encore au lieu de réfléchir, la passion était restée vierge au fond de son coeur. Aussi, son principal attrait venait-il de cette intime jeunesse que, par moments, trahissait sa physionomie, et qui donnait à ses idées une innocente expression de désir. Son aspect commandait la retenue, mais il y avait toujours dans son maintien, dans sa voix, des élans vers un avenir inconnu, comme chez une jeune fille; bientôt l'homme le plus insensible se trouvait amoureux d'elle, et conservait néanmoins une sorte de crainte respectueuse, inspirée par ses manières polies qui imposaient. Son âme, nativement grande, mais fortifiée par des luttes cruelles, semblait placée trop loin du vulgaire, et les hommes se faisaient justice. A cette âme, il fallait nécessairement une haute passion. Aussi les affections de madame de Dey s'étaient-elles concentrées dans un seul sentiment, celui de la maternité. Le bonheur et les plaisirs dont avait été privée sa vie de femme, elle les retrouvait dans l'amour extrême qu'elle portait à son fils. Elle ne l'aimait pas seulement avec le pur et profond dévouement d'une mère, mais avec la coquetterie d'une maîtresse, avec la jalousie d'une épouse. Elle était malheureuse loin de lui, inquiète pendant ses absences, ne le voyait jamais assez, ne vivait que par lui et pour lui. Afin de faire comprendre aux hommes la force de ce sentiment, il suffira d'ajouter que ce fils était non seulement l'unique enfant de madame de Dey, mais son dernier parent, le seul être auquel elle pût rattacher les craintes, les espérances et les joies de sa vie. Le feu comte de Dey fut le dernier rejeton de sa famille, comme elle se trouva seule héritère de la sienne. Les calculs et les intérêts humains s'étaient donc accordés avec les plus nobles besoins de l'âme pour exalter dans le coeur de la comtesse un sentiment déjà si fort chez les femmes. Elle n'avait élevé son fils qu'avec des peines infinies, qui le lui avaient rendu plus cher encore; vingt fois les médecins lui en présagèrent la perte; mais, confiante en ses pressentiments, en ses espérances, elle eut la joie inexprimable de lui voir heureusement traverser les périls de l'enfance, d'admirer les progrès de sa constitution, en dépit des arrêts de la Faculté.[25]

Grâce à des soins constants, ce fils avait grandi et s'était si gracieusement développé, qu'à vingt ans, il passait pour un des cavaliers les plus accomplis de Versailles. Enfin, par un bonheur qui ne couronne pas les efforts de toutes les mères, elle était adorée de son fils; leurs âmes s'entendaient par de fraternelles sympathies. S'ils n'eussent pas été liés déjà par le vœu de la nature, ils auraient instinctivement éprouvé l'un pour l'autre cette amitié d'homme à homme, si rare à rencontrer dans la vie. Nommé sous-lieutenant de dragons à dix-huit ans, le jeune comte avait obéi au point d'honneur de l'époque en suivant les princes dans leur émigration.[26]

Ainsi madame de Dey, noble, riche, et mère d'un émigré, ne se dissimulait point les dangers de sa cruelle situation. Ne formant d'autre voeu que celui de conserver à son fils une grande fortune, elle avait renoncé au bonheur de l'accompagner; mais en lisant les lois rigoureuses en vertu desquelles la République confisquait chaque jour les biens des émigrés à Carentan, elle s'applaudissait de cet acte de courage. Ne gardait-elle pas les trésors de son fils au péril de ses jours? Puis, en apprenant les terribles exécutions ordonnées par la Convention,[27] elle s'endormait heureuse de savoir sa seule richesse en sûreté, loin des dangers, loin des échafauds. Elle se complaisait à croire qu'elle avait pris le meilleur parti pour sauver à la fois toutes ses fortunes. Faisant à cette secrète pensée les concessions voulues par le malheur des temps, sans compromettre ni sa dignité de femme ni ses croyances aristocratiques, elle enveloppait ses douleurs dans un froid mystère. Elle avait compris les difficultés qui l'attendaient à Carentan. Venir y occuper la première place, n'était-ce pas y défier l'échafaud tous les jours? Mais, soutenue par un courage de mère, elle sut conquérir l'affection des pauvres en soulageant indifféremment toutes les misères, et se rendit nécessaire aux riches en veillant à leurs plaisirs. Elle recevait le procureur de la commune, le maire, le président du district, l'accusateur public, et même les juges du tribunal révolutionnaire.[28] Les quatre premiers de ces personnages, n'étant pas mariés, la courtisaient dans l'espoir de l'épouser, soit en l'effrayant par le mal qu'ils pouvaient lui faire, soit en lui offrant leur protection. L'accusateur public, ancien procureur à Caen, jadis chargé des intérêts de la comtesse, tentait de lui inspirer de l'amour par une conduite pleine de dévouement et de générosité; finesse dangereuse! Il était le plus redoutable de tous les prétendants. Lui seul connaissait à fond l'état de la fortune considérable de son ancienne cliente. Sa passion devait s'accoître de tous les désirs d'une avarice qui s'appuyait sur un pouvoir immense, sur le droit de vie et de mort dans le district. Cet homme, encore jeune, mettait tant de noblesse dans ses procédés, que madame de Dey n'avait pas encore pu le juger. Mais, méprisant le danger qu'il y avait à lutter d'adresse avec des Normands,[29] elle employait l'esprit inventif et la ruse que la nature a départis aux femmes pour opposer ces rivalités les unes aux autres. En gagnant du temps, elle espérait arriver saine et sauve à la fin des troubles. A cette époque, les royalistes de l'intérieur se flattaient tous les jours de voir la Révolution terminée le lendemain; et cette conviction a été la perte de beaucoup d'entre eux.

Malgré ces obstacles, la comtesse avait assez habilement maintenu son indépendance jusqu'au jour où, par une inexplicable imprudence, elle s'était avisée de fermer sa porte. Elle inspirait un intérêt si profond et si véritable, que les personnes venues ce soir-là chez elle conçurent de vives inquiétudes en apprenant qu'il lui devenait impossible de les recevoir; puis, avec cette franchise de curiosité empreinte dans les moeurs provinciales, elles s'enquirent du malheur, du chagrin, de la maladie qui devait affliger madame de Dey. A ces questions une vieille femme de charge, nommée Brigitte, répondait que sa maîtresse s'était enfermée et ne voulait voir personne, pas même les gens de sa maison. L'existence, en quelque sorte claustrale, que mènent les habitants d'une petite ville crée en eux une habitude d'analyser et d'expliquer les actions d'autrui si naturellement invincible qu'après avoir plaint madame de Dey, sans savoir si elle était réellement heureuse ou chagrine, chacun se mit à rechercher les causes de sa soudaine retraite.

– Si elle était malade, dit le premier curieux, elle aurait envoyé chez le médecin; mais le docteur est resté pendant toute la journée chez moi à jouer aux échecs. Il me disait en riant que, par le temps qui court, il n'y a qu'une maladie...et qu'elle est malheureusement incurable.

Cette plaisanterie fut prudemment hasardée. Femmes, hommes, vieillards et jeunes filles se mirent alors à parcourir le vaste champ des conjectures. Chacun crut entrevoir un secret, et ce secret occupa toutes les imaginations. Le lendemain les soupçons s'envenimèrent. Comme la vie est à jour dans une petite ville, les femmes apprirent les premières que Brigitte avait fait au marché des provisions plus considérables qu'à l'ordinaire. Ce fait ne pouvait être contesté. L'on avait vu Brigitte de grand matin sur la place, et, chose extraordinaire, elle y avait acheté le seul lièvre qui s'y trouvât. Toute la ville savait que madame de Dey n'aimait pas le gibier. Le lièvre devint un point de départ pour des suppositions infinies. En faisant leur promenade périodique, les vieillards remarquèrent dans la maison de la comtesse, une sorte d'activité concentrée qui se révélait par les précautions même dont se servaient les gens pour la cacher. Le valet de chambre battait un tapis dans le jardin; la veille, personne n'y aurait pris garde; mais ce tapis devint une pièce à l'appui des romans que tout le monde bâtissait. Chacun avait le sien. Le second jour, en apprenant que madame de Dey se disait indisposée, les principaux personnages de Carentan se réunirent le soir chez le frère du maire, vieux négociant marié, homme probe, généralement estimé, et pour lequel la comtesse avait beaucoup d'égards. Là, tous les aspirants à la main de la riche veuve eurent à raconter une fable plus ou moins probable; et chacun d'eux pensait à faire tourner à son profit la circonstance secrète qui la forçait de se compromettre ainsi. L'accusateur public imaginait tout un drame pour amener nuitamment le fils de madame de Dey chez elle. Le maire croyait à un prêtre insermenté,[30] venu de la Vendée,[31] et qui lui aurait demandé un asile; mais l'achat du lièvre, un vendredi, l'embarrassait beaucoup. Le président du district tenait fortement pour un chef de Chouans ou de Vendéens vivement poursuivi.[32] D'autres voulaient un noble échappé des prisons de Paris. Enfin tous soupçonnaient la comtesse d'être coupable d'une de ces générosités que les lois d'alors nommaient un crime, et qui pouvaient conduire à l'échafaud. L'accusateur public disait d'ailleurs à voix basse qu'il fallait se taire, et tâcher de sauver l'infortunée de l'abîme vers lequel elle marchait à grands pas.

– Si vous ébruitez cette affaire, ajouta-t-il, je serai obligé d'intervenir, de faire des perquisitions chez elle, et alors!… Il n'acheva pas, mais chacun comprit cette réticence.

Les amis sincères de la comtesse s'alarmèrent tellement pour elle que, dans la matinée du troisième jour, le procureur-syndic de la commune lui fit écrire par sa femme un mot pour l'engager à recevoir pendant la soirée comme à l'ordinaire. Plus hardi, le vieux négociant se présenta dans la matinée chez madame de Dey. Fort du service qu'il voulait lui rendre, il exigea d'être introduit auprès d'elle, et resta stupéfait en l'apercevant dans le jardin, occupée à couper les dernières fleurs de ses plates-bandes pour en garnir des vases.

– Elle a sans doute donné asile à son amant, se dit le vieillard pris de pitié pour cette charmante femme. La singulière expression du visage de la comtesse le confirma dans ses soupçons. Vivement ému de ce dévouement si naturel aux femmes, mais qui nous touche toujours, parce que tous les hommes sont flattés par les sacrifices qu'une d'elles fait à un homme, le négociant instruisit la comtesse des bruits qui couraient dans la ville et du danger où elle se trouvait. – Car, lui dit-il en terminant, si, parmi nos fonctionnaires, il en est quelques-uns assez disposés à vous pardonner un héroïsme qui aurait un prêtre pour objet, personne ne vous plaindra si l'on vient à découvrir que vous vous immolez à des intérêts de coeur.

A ces mots, madame de Dey regarda le vieillard avec un air d'égarement et de folie qui le fit frissonner, lui, vieillard.

– Venez, lui dit-elle en le prenant par la main pour le conduire dans sa chambre, où, après s'être assurée qu'ils étaient seuls, elle tira de son sein une lettre sale et chiffonnée: – Lisez, s'écria-t-elle en faisant un violent effort pour prononcer ce mot.

Elle tomba dans son fauteuil, comme anéantie. Pendant que le vieux négociant cherchait ses lunettes et les nettoyait, elle leva les yeux sur lui, le contempla pour la première fois avec curiosité; puis, d'une voix altérée: – Je me fie à vous, lui dit-elle doucement.

– Est-ce que je ne viens pas partager votre crime? répondit le bonhomme avec simplicité.

Elle tressaillit. Pour la première fois, dans cette petite ville, son âme sympathisait avec celle d'un autre. Le vieux négociant comprit tout à coup et l'abattement et la joie de la comtesse. Son fils avait fait partie de l'expédition de Granville,[33] il écrivait à sa mère du fond de sa prison, en lui donnant un triste et doux espoir. Ne doutant pas de ses moyens d'évasion, il lui indiquait trois jours pendant lesquels il devait se présenter chez elle, déguisé. La fatale lettre contenait de déchirants adieux au cas où il ne serait pas à Carentan dans la soirée du troisième jour, et il priait sa mère de remettre une assez forte somme à l'émissaire qui s'était chargé de lui apporter cette dépêche, à travers mille dangers. Le papier tremblait dans les mains du vieillard.

– Et voici le troisième jour, s'écria madame de Dey qui se leva rapidement, reprit la lettre, et marcha.

– Vous avez commis des imprudences, lui dit le négociant. Pourquoi faire prendre des provisions?

– Mais il peut arriver, mourant de faim, exténué de fatigue, et... Elle n'acheva pas.

– Je suis sûr de mon frère, reprit le vieillard, je vais aller le mettre dans vos intérêts.

Le négociant retrouva dans cette circonstance la finesse qu'il avait mise jadis dans les affaires, et lui dicta des conseils empreints de prudence et de sagacité. Après être convenus de tout ce qu'ils devaient dire et faire l'un ou l'autre, le vieillard alla, sous des prétextes habilement trouvés, dans les principales maisons de Carentan, où il annonça que madame de Dey qu'il venait de voir, recevrait dans la soirée, malgré son indisposition. Luttant de finesse avec les intelligences normandes dans l'interrogatoire que chaque famille lui imposa sur la nature de la maladie de la comtesse, il réussit à donner le change à presque toutes les personnes qui s'occupaient de cette mystérieuse affaire. Sa première visite fit merveille. Il raconta devant une vieille dame goutteuse que madame de Dey avait manqué périr d'une attaque de goutte à l'estomac; le fameux Tronchin[34] lui ayant recommandé jadis, en pareille occurrence, de se mettre sur la poitrine la peau d'un lièvre écorché vif, et de rester au lit sans se permettre le moindre mouvement, la comtesse, en danger de mort, il y a deux jours, se trouvait, après avoir suivi ponctuellement la bizarre ordonnance de Tronchin, assez bien rétablie pour recevoir ceux qui viendraient la voir pendant la soirée. Ce conte eut un succès prodigieux, et le médecin de Carentan, royaliste *in petto*,[35] en augmenta l'effet par l'importance avec laquelle il discuta le spécifique. Néanmoins les soupçons avaient trop fortement pris racine dans l'esprit de quelques entêtés ou de quelques philosophes pour être entièrement dissipés; en sorte que, le soir, ceux qui étaient admis chez madame de Dey vinrent avec empressement et de bonne heure chez elle, les uns pour épier sa contenance, les autres par amitié, la plupart saisis par le merveilleux de sa guérison. Ils trouvèrent la comtesse assise au coin de la grande cheminée de son salon, à peu près aussi modeste que l'étaient ceux de Carentan; car, pour ne pas blesser les étroites pensées de ses hôtes, elle s'était refusée aux jouissances de luxe auxquelles elle était jadis habituée, elle n'avait donc rien changé chez elle. Le carreau de la salle de réception n'était même pas frotté. Elle laissait sur les murs de vieilles tapisseries sombres, conservait les meubles de pays, brûlait de la chandelle, et suivait les modes de la ville, en épousant la vie provinciale sans reculer ni devant les petitesses les plus dures, ni devant les privations les plus désagréables. Mais sachant que ses hôtes lui pardonneraient les magnificences qui auraient leur bien-être pour but, elle ne négligeait rien quand il s'agissait de leur procurer des jouissances personnelles. Aussi leur donnait-elle d'excellents dîners. Elle allait jusqu'à feindre de l'avarice pour plaire à ces esprits calculateurs; et, après avoir eu l'art de se faire arracher certaines concessions de luxe, elle savait obéir avec grâce. Donc, vers sept heures du soir, la meilleure mauvaise compagnie de Carentan se trouvait chez elle, et décrivait un grand cercle devant la cheminée. La maîtresse du logis, soutenue dans son malheur par les regards compatissants que lui jetait le vieux négociant, se soumit avec un courage inouï aux questions minutieuses, aux raisonnements frivoles et stupides de ses hôtes. Mais à chaque coup de marteau frappé sur sa porte, ou toutes les fois que des pas retentissaient dans la rue, elle cachait ses émotions en soulevant des questions intéressantes pour la fortune du pays. Elle éleva de bruyantes discussions sur la qualité des cidres, et fut si bien secondée par son confident, que l'assemblée oublia presque de l'espionner en trouvant sa contenance naturelle et son aplomb imperturbable. L'accusateur public et l'un des juges du tribunal révolutionnaire restaient taciturnes, observaient avec attention les moindres mouvements de sa physionomie, écoutaient dans la maison, malgré le tumulte; et, à plusieurs reprises, ils lui firent des questions embarrassantes, auxquelles la comtesse répondit cependant avec une admirable présence d'esprit. Les mères ont tant de courage! Au moment où madame de Dey eut arrangé les parties, placé tout le monde à des tables de boston, de reversis ou de wisth, elle resta encore à causer auprès de quelques jeunes personnes avec un extrême laissez-aller, en jouant son rôle en actrice consommée. Elle se fit demander un loto,[36] prétendit savoir seule où il était, et disparut.

– J'étouffe, ma pauvre Brigitte, s'écria-t-elle en essuyant des larmes qui sortirent vivement de ses yeux brillants de fièvre, de douleur et d'impatience. – Il ne vient pas, reprit-elle, en regardant la chambre où elle était montée. Ici, je respire et je vis. Encore quelques moments, et il sera là, pourtant! car il vit encore, j'en suis certaine. Mon coeur me le dit. N'entendez-vous rien, Brigitte? Oh! je donnerais le reste de ma vie pour savoir s'il est en prison ou s'il marche à travers la campagne! Je voudrais ne pas penser.

Elle examina de nouveau si tout était en ordre dans l'appartement. Un bon feu brillait dans la cheminée; les volets étaient soigneusement fermés; les meubles reluisaient de propreté; la manière dont avait été fait le lit prouvait que la comtesse s'était occupée avec Brigitte des moindres détails; et ses espérances se trahissaient dans les soins délicats qui paraissaient avoir été pris dans cette chambre où se respiraient et la gracieuse douceur de l'amour et ses plus chastes caresses dans les parfums exhalés par les fleurs. Une mère seule pouvait avoir prévu les désirs d'un soldat et lui préparer de si complètes satisfactions. Un repas exquis, des vins choisis, la chaussure, le linge, enfin tout ce qui devait être nécessaire ou agréable à un voyageur fatigué, se trouvait rassemblé pour que rien ne lui manquât, pour que les délices du chez-soi lui révélassent l'amour d'une mère.

– Brigitte? dit la comtesse d'un son de voix déchirant en allant placer un siège devant la table, comme pour donner de la réalité à ses vœux, comme pour augmenter la force de ses illusions.

– Ah! madame, il viendra. Il n'est pas loin. – Je ne doute pas qu'il ne vive et qu'il ne soit en marche, reprit Brigitte. J'ai mis une clef dans la Bible, et je l'ai tenue sur mes doigts pendant que Cottin lisait l'Évangile de saint Jean...et, madame! la clef n'a pas tourné.

– Est-ce bien sûr? demanda la comtesse.

– Oh! madame, c'est connu. Je gagerais mon salut qu'il vit encore. Dieu ne peut pas se tromper.

– Malgré le danger qui l'attend ici, je voudrais bien cependant l'y voir.

– Pauvre monsieur Auguste, s'écria Brigitte, il est sans doute à pied, par les chemins.

– Et voilà huit heures qui sonnent au clocher, s'écria la comtesse avec terreur.

Elle eut peur d'être restée plus longtemps qu'elle ne le devait, dans cette chambre où elle croyait à la vie de son fils, en voyant tout ce qui lui en attestait la vie, elle descendit; mais avant d'entrer au salon, elle resta pendant un moment sous le péristyle de l'escalier, en écoutant si quelque bruit ne réveillait pas les silencieux échos de la ville. Elle sourit au mari de Brigitte, qui se tenait en sentinelle, et dont les yeux semblaient hébétés à force de prêter attention aux murmures de la place et de la nuit. Elle voyait son fils en tout et partout. Elle rentra bientôt, en affectant un air gai, et se mit à jouer au loto avec des petites filles; mais, de temps en temps, elle se plaignit de souffrir, et revint occuper son fauteuil auprès de la cheminée.

Telle était la situation des choses et des esprits dans la maison de madame de Dey, pendant que, sur le chemin de Paris à Cherbourg, un jeune homme vêtu d'une carmagnole brune,[37] costume de rigueur à cette époque, se dirigeait vers Carentan. A l'origine des réquisitions, il y avait peu ou point de discipline. Les exigences du moment ne permettaient guère à la République d'équiper sur-le-champ ses soldats, et il n'était pas rare de voir les chemins couverts de réquisitionnaires qui conservaient leurs habits bourgeois. Ces jeunes gens devançaient leurs bataillons aux lieux d'étape, ou restaient en arrière, car leur marche était soumise à leur manière de supporter les fatigues d'une longue route. Le voyageur dont il est ici question se trouvait assez en avant de la colonne de réquisitionnaires qui se rendait à Cherbourg, et que le maire de Carentan attendait d'heure en heure, afin de leur distribuer des billets de logement. Ce jeune homme marchait d'un pas alourdi, mais ferme encore, et son allure semblait annoncer qu'il s'était familiarisé depuis longtemps avec les rudesses de la vie militaire. Quoique la lune éclairât les herbages qui avoisinent Carentan, il avait remarqué de gros nuages blancs prêts à jeter de la neige sur la campagne; et la crainte d'être surpris par un ouragan animait sans doute sa démarche, alors plus vive que ne le comportait sa lassitude. Il avait sur le dos un sac presque vide, et tenait à la main une canne de buis, coupée dans les hautes et larges haies que cet arbuste forme autour de la plupart des héritages en Basse-Normandie. Ce voyageur solitaire entra dans Carentan, dont les tours, bordées de lueurs fantastiques par la lune, lui apparaissaient depuis un moment. Son pas réveilla les échos des rues silencieuses, où il ne rencontra personne; il fut obligé de demander la maison du maire à un tisserand qui travaillait encore. Ce magistrat demeurait à une faible distance, et le réquisitionnaire se vit bientôt à l'abri sous le porche de la maison du maire, et s'y assit sur un banc de pierre, en attendant le billet de logement qu'il avait réclamé. Mais mandé par ce fonctionnaire, il comparut devant lui, et devint l'objet d'un scrupuleux examen. Le fantassin était un jeune homme de bonne mine qui paraissait appartenir à une famille distinguée. Son air trahissait la noblesse. L'intelligence due à une bonne éducation respirait sur sa figure.

– Comment te nommes-tu? lui demanda le maire en lui jetant un regard plein de finesse.

– Julien Jussieu, répondit le réquisitionnaire.

– Et tu viens? dit le magistrat en laissant échapper un sourire d'incrédulité.

– De Paris.

– Tes camarades doivent être loin, reprit le Normand d'un ton railleur.

– J'ai trois lieues d'avance sur le bataillon.

– Quelque sentiment t'attire sans doute à Carentan, citoyen réquisitionnaire? dit le maire d'un air fin. C'est bien, ajouta-t-il en imposant silence par un geste de main au jeune homme prêt à parler, nous savons où t'envoyer. Tiens, ajouta-t-il en lui remettant son billet de logement, va, *citoyen Jussieu*!

Une teinte d'ironie se fit sentir dans l'accent avec lequel le magistrat prononça ces deux derniers mots, en tendant un billet sur lequel la demeure de madame de Dey était indiquée. Le jeune homme lut l'adresse avec un air de curiosité.

– Il sait bien qu'il n'a pas loin à aller. Et quand il sera dehors, il aura bientôt traversé la place! s'écria le maire en se parlant à lui-même, pendant que le jeune homme sortait. Il est joliment hardi! Que Dieu le conduise! Il a réponse à tout. Oui, mais si un autre que moi avait demandé à voir ses papiers, il était perdu!

En ce moment, les horloges de Carentan avaient sonné neuf heures et demie; les fallots s'allumaient dans l'antichambre de madame de Dey; les domestiques aidaient leurs maîtresses et leurs maîtres à mettre leurs sabots, leurs houppelandes ou leurs mantelets; les joueurs avaient soldé leurs comptes, et allaient se retirer tous ensemble, suivant l'usage établi dans toutes les petites villes.

– Il paraît que l'accusateur veut rester, dit une dame en s'apercevant que ce personnage important leur manquait au moment où chacun se sépara sur la place pour regagner son logis, après avoir épuisé toutes les formules d'adieu.

Ce terrible magistrat était en effet seul avec la comtesse, qui attendait, en tremblant, qu'il lui plût de sortir.

– Citoyenne, dit-il enfin après un long silence qui eut quelque chose d'effrayant, je suis ici pour faire observer les lois de la République...

Madame de Dey frissonna.

– N'as-tu donc rien à me révéler? demanda-t-il.

– Rien, répondit-elle étonnée.

– Ah! madame, s'écria l'accusateur en s'asseyant auprès d'elle et changeant de ton, en ce moment, faute d'un mot, vous ou moi, nous pouvons porter notre tête sur l'échafaud. J'ai trop bien observé votre caractère, votre âme, vos manières, pour partager l'erreur dans laquelle vous avez su mettre votre société ce soir. Vous attendez votre fils, je n'en saurais douter.

La comtesse laissa échapper un geste de dénégation; mais elle avait pâli, mais les muscles de son visage s'étaient contractés par la nécessité où elle se trouvait d'afficher une fermeté trompeuse, et l'oeil implacable de l'accusateur public ne perdit aucun de ses mouvements.

– Eh! bien, recevez-le, reprit le magistrat révolutionnaire; mais qu'il ne reste pas plus tard que sept heures du matin sous votre toit. Demain, au jour, armé d'une dénonciation que je me ferai faire, je viendrai chez vous...

Elle le regarda d'un air stupide qui aurait fait pitié à un tigre.

– Je démontrerai, poursuivit-il d'une voix douce, la fausseté de la dénonciation par d'exactes perquisitions, et vous serez, par la nature de mon rapport, à l'abri de tous soupçons ultérieurs. Je parlerai de vos dons patriotiques, de votre civisme, et nous serons *tous* sauvés.

Madame de Dey craignait un piège, elle restait immobile, mais son visage était en feu et sa langue glacée. Un coup de marteau retentit dans la maison.

– Ah! cria la mère épouvantée, en tombant à genoux. Le sauver, le sauver!

– Oui, sauvons-le! reprit l'accusateur public, en lui lançant un regard de passion, dût-il *nous* en coûter la vie.

– Je suis perdue, s'écria-t-elle pendant que l'accusateur la relevait avec politesse.

– Eh! madame, répondit-il par un beau mouvement oratoire, je ne veux vous devoir à rien...qu'à vous-même.

– Madame, le voi..., s'écria Brigitte qui croyait sa maîtresse seule.

A l'aspect de l'accusateur public, la vieille servante, de rouge et joyeuse qu'elle était, devint immobile et blême.

– Qui est-ce, Brigitte? demanda le magistrat d'un air doux et intelligent.

– Un réquisitionnaire que le maire nous envoie à loger, répondit la servante en montrant le billet.

– C'est vrai, dit l'accusateur après avoir lu le papier. Il nous arrive un bataillon ce soir!

Et il sortit.

La comtesse avait trop besoin de croire en ce moment à la sincérité de son ancien procureur pour concevoir le moindre doute; elle monta rapidement l'escalier, ayant à peine la force de se soutenir; puis, elle ouvrit la porte de sa chambre, vit son fils, se précipita dans ses bras, mourante:
– Oh! mon enfant, mon enfant! s'écria-t-elle en sanglotant et le couvrant de baisers empreints d'une sorte de frénésie.

– Madame, dit l'inconnu.

– Ah! ce n'est pas lui, cria-t-elle en reculant d'épouvante et restant debout devant le réquisitionnaire qu'elle contemplait d'un air hagard.

– O saint bon Dieu, quelle ressemblance! dit Brigitte.

Il y eut un moment de silence, et l'étranger lui-même tressaillit à l'aspect de madame de Dey.

– Ah! monsieur, dit-elle en s'appuyant sur le mari de Brigitte, et sentant alors dans toute son étendue une douleur dont la première atteinte avait failli la tuer; monsieur, je ne saurais vous voir plus longtemps, souffrez que mes gens me replacent et s'occupent de vous.

Elle descendit chez elle, à demi portée par Brigitte et son vieux serviteur.

– Comment, madame! s'écria la femme de charge en asseyant sa maîtresse, cet homme va-t-il coucher dans le lit de monsieur Auguste, mettre les pantoufles de monsieur Auguste, manger le pâté que j'ai fait pour monsieur Auguste! quand on devrait me guillotiner, je…

– Brigitte! cria madame de Dey.

Brigitte resta muette.

– Tais-toi donc, bavarde, lui dit son mari à voix basse, veux-tu tuer madame?

En ce moment, le réquisitionnaire fit du bruit dans sa chambre en se mettant à table.

– Je ne resterai pas ici, s'écria madame de Dey, j'irai dans la serre, d'où j'entendrai mieux ce qui se passera au dehors pendant la nuit.

Elle flottait encore entre la crainte d'avoir perdu son fils et l'espérance de le voir reparaître. La nuit fut horriblement silencieuse. Il y eut, pour la comtesse, un moment affreux, quand le bataillon des réquisitionnaires vint en ville et que chaque homme y chercha son logement. Ce fut des espérances trompées à chaque pas, à chaque bruit; puis bientôt la nature reprit un calme effrayant. Vers le matin, la comtesse fut obligée de rentrer chez elle. Brigitte, qui surveillait les mouvements de sa maîtresse, ne la voyant pas sortir, entra dans la chambre et y trouva la comtesse morte.

– Elle aura probablement entendu ce réquisitionnaire qui achève de s'habiller et qui marche dans la chambre de monsieur Auguste en chantant leur damnée *Marseillaise*,[38] comme s'il était dans une écurie, s'écria Brigitte. Ça l'aura tuée!

La mort de la comtesse fut causée par un sentiment plus grave, et sans doute par quelque vision terrible. A l'heure précise où madame de Dey mourait à Carentan, son fils était fusillé dans le Morbihan.[39] Nous pouvons joindre ce fait tragique à toutes les observations sur les sympathies qui méconnaissent les lois de l'espace; documents que rassemblent avec une savante curiosité quelques hommes de solitude, et qui serviront un jour à asseoir les bases d'une science nouvelle à laquelle il a manqué jusqu'à ce jour un homme de génie.

Paris, février 1831

# 2

# *La Partie de trictrac*

## Prosper Mérimée (1803-70)

Les voiles sans mouvement pendaient collées contre les mâts; la mer était unie comme une glace; la chaleur était étouffante, le calme désespérant.

Dans un voyage sur mer, les ressources d'amusement que peuvent offrir les hôtes d'un vaisseau sont bientôt épuisées. On se connaît trop bien, hélas! lorsqu'on a passé quatre mois ensemble dans une maison de bois longue de cent vingt pieds. Quand vous voyez venir le premier lieutenant, vous savez d'abord qu'il vous parlera de Rio-Janeiro, d'où il vient; puis du fameux pont d'Essling,[40] qu'il a vu faire par les marins de la garde, dont il faisait partie. Au bout de quinze jours, vous connaissez jusqu'aux expressions qu'il affectionne, jusqu'à la ponctuation de ses phrases, aux différentes intonations de sa voix. Quand jamais a-t-il manqué de s'arrêter tristement après avoir prononcé pour la première fois dans son récit ce mot, *l'empereur*... «Si vous l'aviez vu alors!!!» (trois points d'admiration) ajoute-t-il invariablement. Et l'épisode du cheval du trompette, et le boulet qui ricoche et qui emporte une giberne où il y avait pour sept mille cinq cents francs en or et en bijoux, etc., etc.! – Le second lieutenant est un grand politique; il commente tous les jours le dernier numéro du *Constitutionnel*,[41] qu'il a emporté de Brest; ou, s'il quitte les sublimités de la politique pour descendre à la littérature, il vous régalera de l'analyse du dernier vaudeville qu'il a vu jouer. Grand Dieu!... Le commissaire de marine possédait une histoire bien intéressante. Comme il nous enchanta la première fois qu'il nous raconta son évasion du ponton de Cadix![42] mais à la vingtième répétition, ma foi, l'on n'y pouvait plus tenir... – Et les enseignes, et les aspirants!... Le souvenir de leurs conversations me fait dresser les cheveux à la tête. Quant au capitaine, généralement c'est le moins ennuyeux du bord. En sa qualité de commandant despotique, il se trouve en état d'hostilité secrète contre tout l'état-major; il vexe, il opprime quelquefois, mais il y a un certain plaisir à pester contre lui. S'il a quelque manie fâcheuse pour ses subordonnés, on a le plaisir de voir son supérieur ridicule, et cela console un peu.

A bord du vaisseau sur lequel j'étais embarqué, les officiers étaient les meilleures gens du monde, tous bons diables, s'aimant comme des frères, mais s'ennuyant à qui mieux mieux. Le capitaine était le plus doux des hommes, point tracassier (ce qui est une rareté). C'était toujours à regret qu'il faisait sentir son autorité dictatoriale. Pourtant, que le voyage me parut long! surtout ce calme qui nous prit quelques jours seulement avant de voir la terre!...

Un jour, après le dîner, que le désoeuvrement nous avait fait prolonger aussi longtemps qu'il était humainement possible, nous étions tous rassemblés sur le pont, attendant le spectacle monotone mais toujours majestueux d'un coucher de soleil en mer. Les uns fumaient, d'autres relisaient pour la vingtième fois un des trente volumes de notre triste bibliothèque; tous bâillaient à pleurer. Un enseigne assis à côté de moi s'amusait, avec toute la gravité digne d'une occupation sérieuse, à laisser tomber, la pointe en bas, sur les planches du tillac, le poignard que les officiers de marine portent ordinairement en petite tenue. C'est un amusement comme un autre, et qui exige de l'adresse pour que la pointe se pique bien perpendiculairement dans le bois. Désirant faire comme l'enseigne, et n'ayant point de poignard à moi, je voulus emprunter celui du capitaine, mais il me refusa. Il tenait singulièrement à cette arme, et même il aurait été fâché de la voir servir à un amusement aussi futile. Autrefois ce poignard avait appartenu à un brave officier mort malheureusement dans la dernière guerre... Je devinai qu'une histoire allait suivre, je ne me trompais pas. Le capitaine commença sans se faire prier; quant aux officiers qui nous entouraient, comme chacun d'eux connaissait par coeur les infortunes du lieutenant Roger, ils firent aussitôt une retraite prudente. Voici à peu près quel fut le récit du capitaine:

Roger, quand je le connus, était plus âgé que moi de trois ans; il était lieutenant; moi, j'étais enseigne. Je vous assure que c'était un des meilleurs officiers de notre corps; d'ailleurs un coeur excellent, de l'esprit, de l'instruction, des talents, en un mot un jeune homme charmant. Il était malheureusement un peu fier et susceptible; ce qui tenait, je crois, à ce qu'il était enfant naturel, et qu'il craignait que sa naissance ne lui fît perdre de la considération dans le monde; mais, pour dire la vérité, de tous ses défauts le plus grand c'était un désir violent et continuel de primer partout où il se trouvait. Son père, qu'il n'avait jamais vu, lui faisait une pension qui aurait été bien plus que suffisante pour ses besoins, si Roger n'eût pas été la générosité même. Tout ce qu'il avait était à ses amis. Quand il venait de toucher son trimestre, c'était à qui irait le voir avec une figure triste et soucieuse:

– Eh bien! camarade, qu'as-tu? demandait-il; tu m'as l'air de ne pouvoir pas faire grand bruit en frappant sur tes poches; allons, voici ma bourse, prends ce qu'il te faut, et viens-t'en dîner avec moi.

Il vint à Brest une jeune actrice fort jolie, nommée Gabrielle, qui ne tarda pas à faire des conquêtes parmi les marins et les officiers de la garnison. Ce n'était pas une beauté régulière, mais elle avait de la taille, de beaux yeux, le pied petit, l'air passablement effronté: tout cela plaît fort quand on est dans les parages de vingt à vingt-cinq ans. On la disait par-dessus le marché la plus capricieuse créature de son sexe, et sa manière de jouer ne démentait pas cette réputation. Tantôt elle jouait à ravir, on eût dit une comédienne du premier ordre; le lendemain, dans la même pièce, elle était froide, insensible; elle débitait son rôle comme un enfant récite son catéchisme. Ce qui intéressa surtout nos jeunes gens, ce fut l'histoire suivante que l'on racontait d'elle. Il paraît qu'elle avait été entretenue très richement à Paris par un sénateur qui faisait, comme l'on dit, des folies pour elle. Un jour cet homme, se trouvant chez elle, mit son chapeau sur sa tête; elle le pria de l'ôter, et se plaignit même qu'il lui manquât de respect. Le sénateur se mit à rire, leva les épaules, et dit en se carrant dans un fauteuil: «C'est bien le moins que je me mette à mon aise chez une fille que je paye.» Un bon soufflet de crocheteur, détaché par la blanche main de la Gabrielle, le paya aussitôt de sa réponse et jeta son chapeau à l'autre bout de la chambre. De là, rupture complète. Des banquiers, des généraux avaient fait des offres considérables à la dame; mais elle les avait toutes refusées, et s'était faite actrice, afin, disait-elle, de vivre indépendante.

Lorsque Roger la vit et qu'il apprit cette histoire, il jugea que cette personne était son fait, et, avec la franchise un peu brutale qu'on nous reproche, à nous autres marins, voici comment il s'y prit pour lui montrer combien il était touché de ses charmes. Il acheta les plus belles fleurs et les plus rares qu'il put trouver à Brest, en fit un bouquet qu'il attacha avec un beau ruban rose, et dans le nœud arrangea très proprement un rouleau de vingt-cinq napoléons; c'était tout ce qu'il possédait pour le moment. Je me souviens que je l'accompagnai dans les coulisses pendant un entracte. Il fit à la Gabrielle un compliment fort court sur la grâce qu'elle avait à porter son costume, lui offrit le bouquet et lui demanda la permission d'aller la voir chez elle. Tout cela fut dit en trois mots.

Tant que Gabrielle ne vit que les fleurs et le beau jeune homme qui les lui présentait, elle lui souriait, accompagnant son sourire d'une révérence des plus gracieuses; mais quand elle eut le bouquet entre les mains et qu'elle sentit le poids de l'or, sa physionomie changea plus rapidement que la surface de la mer soulevée par un ouragan des tropiques; et certes elle ne fut guère moins méchante, car elle lança de toute sa force le bouquet et les napoléons à la tête de mon pauvre ami, qui en porta les marques sur la figure pendant plus de huit jours. La sonnette du régisseur se fit entrendre. Gabrielle entra en scène et joua tout de travers.

Roger, ayant ramassé son bouquet et son rouleau d'or d'un air bien confus, s'en alla au café offrir le bouquet (sans l'argent) à la demoiselle du comptoir, et essaya, en buvant du punch, d'oublier la cruelle. Il n'y réussit pas; et, malgré le dépit qu'il éprouvait de ne pouvoir se montrer avec son oeil poché, il devint amoureux fou de la colérique Gabrielle. Il lui écrivait vingt lettres par jour, et quelles lettres! soumises, tendres, respectueuses, telles qu'on pourrait les adresser à une princesse. Les premières lui furent renvoyées sans avoir été décachetées; les autres n'obtinrent pas de réponse. Roger cependant conservait quelque espoir, quand nous découvrîmes que la marchande d'oranges du théâtre enveloppait ses oranges avec les lettres d'amour de Roger, que Gabrielle lui donnait par un raffinement de méchanceté. Ce fut un coup terrible pour la fierté de notre ami. Pourtant sa passion ne diminua pas. Il parlait de demander l'actrice en mariage; et comme on lui disait que le ministre de la marine n'y donnerait jamais son consentement, il s'écriait qu'il se brûlerait la cervelle.

Sur ces entrefaites, il arriva que les officiers d'un régiment de ligne en garnison à Brest voulurent faire répéter un couplet de vaudeville à Gabrielle, qui s'y refusa par pur caprice. Les officiers et l'actrice s'opiniâtrèrent si bien, que les uns firent baisser la toile par leurs sifflets, et que l'autre s'évanouit. Vous savez ce que c'est que le parterre d'une ville de garnison. Il fut convenu entre les officiers que le lendemain et les jours suivants la coupable serait sifflée sans rémission, qu'on ne lui permettrait pas de jouer un seul rôle avant qu'elle n'eût fait amende honorable avec l'humilité nécessaire pour expier son crime. Roger n'avait point assisté à cette représentation; mais il apprit le soir même le scandale qui avait mis tout le théâtre en confusion, ainsi que les projets de vengeance qui se tramaient pour le lendemain. Sur-le-champ son parti fut pris.

Le lendemain, lorsque Gabrielle parut, du banc des officiers partirent des huées et des sifflets à fendre les oreilles. Roger, qui s'était placé à dessein tout auprès des tapageurs, se leva, et interpella les plus bruyants en termes si outrageux, que toute leur fureur se tourna aussitôt contre lui. Alors, avec un grand sang-froid, il tira son carnet de sa poche, et inscrivait les noms qu'on lui criait de toutes parts; il aurait pris rendez-vous pour se battre avec tout le régiment, si, par esprit de corps, un grand nombre d'officiers de marine ne fussent survenus, et n'eussent provoqué la plupart de ses adversaires. La bagarre fut vraiment effroyable.

Toute la garnison fut consignée pour plusieurs jours; mais quand on nous rendit la liberté il y eut un terrible compte à régler. Nous nous trouvâmes une soixantaine sur le terrain. Roger, seul, se battit successivement contre trois officiers; il en tua un, et blessa grièvement les deux autres sans recevoir une égratignure. Je fus moins heureux pour ma part: un maudit lieutenant, qui avait été maître d'armes, me donna dans la poitrine un grand coup d'épée, dont je manquai mourir. Ce fut, je vous assure, un beau spectacle que ce duel, ou plutôt cette bataille. La marine eut tout l'avantage, et le régiment fut obligé de quitter Brest.

Vous pensez bien que nos officiers supérieurs n'oublièrent pas l'auteur de la querelle. Il eut pendant quinze jours une sentinelle à sa porte.

Quand ses arrêts furent levés, je sortis de l'hôpital, et j'allai le voir. Quelle fut ma surprise, en entrant chez lui, de le voir assis à déjeuner tête à tête avec Gabrielle! Ils avaient l'air d'être depuis longtemps en parfaite intelligence. Déjà ils se tutoyaient et se servaient du même verre. Roger me présenta à sa maîtresse comme son meilleur ami, et lui dit que j'avais été blessé dans l'espèce d'escarmouche dont elle avait été la première cause. Cela me valut un baiser de cette belle personne. Cette fille avait les inclinations toutes martiales.

Ils passèrent trois mois ensemble parfaitement heureux, ne se quittant pas d'un instant. Gabrielle paraissait l'aimer jusqu'à la fureur, et Roger avouait qu'avant de connaître Gabrielle il n'avait pas connu l'amour.

Une frégate hollandaise entra dans le port. Les officiers nous donnèrent à dîner. On but largement de toutes sortes de vins; et la nappe ôtée, ne sachant que faire, car ces messieurs parlaient très mal français, on se mit à jouer. Les Hollandais paraissaient avoir beaucoup d'argent; et leur premier lieutenant surtout voulait jouer si gros jeu, que pas un de nous ne se souciait de faire sa partie. Roger, qui ne jouait pas d'ordinaire, crut qu'il s'agissait dans cette occcasion de soutenir l'honneur de son pays. Il joua donc, et tint tout ce que voulut le lieutenant hollandais. Il gagna d'abord puis perdit. Après quelques alternatives de gain et de perte, ils se séparèrent sans avoir rien fait. Nous rendîmes le dîner aux officiers hollandais. On joua encore. Roger et le lieutenant furent remis aux prises. Bref, pendant plusieurs jours ils se donnèrent rendez-vous, soit au café, soit à bord, essayant toutes sortes de jeux, surtout le trictrac,[43] et augmentant toujours leurs paris, si bien qu'ils en vinrent à jouer vingt-cinq napoléons la partie. C'était une somme énorme pour de pauvres officiers comme nous: plus de deux mois de solde! Au bout d'une semaine, Roger avait perdu tout l'argent qu'il possédait, plus trois ou quatre mille francs empruntés à droite et à gauche.

Vous vous doutez bien que Roger et Gabrielle avaient fini par faire ménage commun et bourse commune: c'est-à-dire que Roger, qui venait de toucher une forte part de prises, avait mis à la masse dix ou vingt fois plus que l'actrice. Cependant il considérait toujours que cette masse appartenait principalement à sa maîtresse, et il n'avait gardé pour ses dépenses particulières qu'une cinquantaine de napoléons. Il avait été cependant obligé de recourir à cette réserve pour continuer à jouer. Gabrielle ne lui fit pas la moindre observation.

L'argent du ménage prit le même chemin que son argent de poche. Bientôt Roger fut réduit à jouer ses derniers vingt-cinq napoléons. Il s'appliquait horriblement; aussi la partie fut-elle longue et disputée. Il vint un moment où Roger, tenant le cornet, n'avait plus qu'une chance pour gagner: je crois qu'il fallait six quatre.[44] La nuit était avancée. Un officier qui les avait longtemps regardés jouer avait fini par s'endormir sur un fauteuil. Le Hollandais était fatigué et assoupi; en outre, il avait bu beaucoup de punch. Roger seul était bien éveillé, et en proie au plus violent désespoir. Ce fut en frémissant qu'il jeta les dés. Il les jeta si rudement sur le damier, que de la secousse une bougie tomba sur le plancher. Le Hollandais tourna la tête d'abord vers la bougie, qui venait de couvrir de cire son pantalon neuf, puis il regarda les dés. – Ils marquaient six et quatre. Roger, pâle comme la mort, reçut les vingt-cinq napoléons. Ils continuèrent à jouer. La chance devint favorable à mon malheureux ami, qui pourtant faisait écoles sur écoles, et qui casait comme s'il avait voulu perdre.[45] Le lieutenant hollandais s'entêta, doubla, décupla les enjeux: il perdit toujours. Je crois le voir encore; c'était un grand blond, flegmatique, dont la figure semblait être de cire. Il se leva enfin, ayant perdu quarante mille francs, qu'il paya sans que sa physionomie décelât la moindre émotion.

Roger lui dit:

– Ce que nous avons fait ce soir ne signifie rien, vous dormiez à moitié; je ne veux pas de votre argent.

– Vous plaisantez, répondit le flegmatique Hollandais; j'ai très bien joué, mais les dés ont été contre moi. Je suis sûr de pouvoir toujours vous gagner en vous rendant quatre trous.[46] Bonsoir!

Et il le quitta.

Le lendemain nous apprîmes que, désespéré de sa perte, il s'était brûlé la cervelle dans sa chambre après avoir bu un bol de punch.

Les quarante mille francs gagnés par Roger étaient étalés sur une table, et Gabrielle les contemplait avec un sourire de satisfaction.

– Nous voilà bien riches, dit-elle; que ferons-nous de tout cet argent?

Roger ne répondit rien; il paraissait comme hébété depuis la mort du Hollandais.

– Il faut faire mille folies, continua la Gabrielle: argent gagné aussi facilement doit se dépenser de même. Achetons une calèche, et narguons le préfet maritime et sa femme. Je veux avoir des diamants, des cachemires. Demande un congé et allons à Paris; ici nous ne viendrons jamais à bout de tant d'argent!

Elle s'arrêta pour observer Roger, qui, les yeux fixés sur le plancher, la tête appuyée sur sa main, ne l'avait pas entendue, et semblait rouler dans sa tête les plus sinistres pensées.

– Que diable as-tu, Roger? s'écria-t-elle en appuyant une main sur son épaule. Tu me fais la moue, je crois; je ne puis t'arracher une parole.

– Je suis bien malheureux, dit-il enfin avec un soupir étouffé.

– Malheureux! Dieu me pardonne, n'aurais-tu pas des remords pour avoir plumé ce gros mynheer?[47]

Il releva la tête et la regarda d'un oeil hagard.

– Qu'importe!... poursuivit-elle, qu'importe qu'il ait pris la chose au tragique et qu'il se soit brûlé ce qu'il avait de cervelle! Je ne plains pas les joueurs qui perdent; et certes son argent est mieux entre nos mains que dans les siennes: il l'aurait dépensé à boire et à fumer, au lieu que nous, nous allons faire mille extravagances toutes plus élégantes les unes que les autres.

Roger se promenait par la chambre, la tête penchée sur sa poitrine, les yeux à demi fermés et remplis de larmes. Il vous aurait fait pitié si vous l'aviez vu.

– Sais-tu, lui dit Gabrielle, que des gens qui ne connaîtraient pas ta sensibilité romanesque pourraient bien croire que tu as triché?

– Et si cela était vrai? s'écria-t-il d'une voix sourde en s'arrêtant devant elle.

– Bah! répondit-elle en souriant, tu n'as pas assez d'esprit pour tricher au jeu.

– Oui, j'ai triché, Gabrielle; j'ai triché comme un misérable que je suis.

Elle comprit à son émotion qu'il ne disait que trop vrai: elle s'assit sur un canapé et demeura quelque temps sans parler.

– J'aimerais mieux, dit-elle enfin d'une voix très émue, j'aimerais mieux que tu eusses tué dix hommes que d'avoir triché au jeu.

Il y eut un mortel silence d'une demi-heure. Ils étaient assis tous les deux sur le même sofa, et ne se regardèrent pas une seule fois. Roger se leva le premier, et lui dit bonsoir d'une voix assez calme.

– Bonsoir! lui répondit-elle d'un ton sec et froid.

Roger m'a dit depuis qu'il se serait tué ce jour-là même s'il n'avait craint que nos camarades ne devinassent la cause de son suicide. Il ne voulait pas que sa mémoire fût infâme.

Le lendemain, Gabrielle fut aussi gaie qu'à l'ordinaire; on eût dit qu'elle avait déjà oublié la confidence de la veille. Pour Roger, il était devenu sombre, fantasque, bourru; il sortait à peine de sa chambre, évitait ses amis, et passait souvent des journées entières sans adresser une parole à sa maîtresse. J'attribuais sa tristesse à une sensibilité honorable, mais excessive, et j'essayai plusieurs fois de le consoler; mais il me renvoyait bien loin, en affectant une grande indifférence pour son partner malheureux. Un jour même il fit une sortie violente contre la nation hollandaise, et voulut me soutenir qu'il ne pouvait pas y avoir en Hollande un seul honnête homme. Cependant il s'informait en secret de la famille du lieutenant hollandais, mais personne ne pouvait lui en donner des nouvelles.

Six semaines après cette malheureuse partie de trictrac, Roger trouva chez Gabrielle un billet écrit par un aspirant qui paraissait la remercier de bontés qu'elle avait eues pour lui. Gabrielle était le désordre en personne, et le billet en question avait été laissé par elle sur sa cheminée. Je ne sais si elle avait été infidèle, mais Roger le crut, et sa colère fut épouvantable. Son amour et un reste d'orgueil étaient les seuls sentiments qui pussent encore l'attacher à la vie, et le plus fort de ses sentiments allait être ainsi soudainement détruit. Il accabla d'injures l'orgueilleuse comédienne; et, violent comme il était, je ne sais comment il se fit qu'il ne la battît pas.

– Sans doute, lui dit-il, ce freluquet vous a donné beaucoup d'argent? C'est la seule chose que vous aimiez, et vous accorderiez vos faveurs au plus sale de nos matelots s'il avait de quoi les payer.

– Pourquoi pas? répondit froidement l'actrice. Oui, je me ferais payer par un matelot, mais... *je ne le volerais pas.*

Roger poussa un cri de rage. Il tira en tremblant son poignard, et un instant regarda Gabrielle avec des yeux égarés; puis rassemblant toutes ses forces, il jeta l'arme à ses pieds et s'échappa de l'appartement pour ne pas céder à la tentation qui l'obsédait.

Ce soir-là même je passai fort tard devant son logement, et voyant de la lumière chez lui, j'entrai pour lui emprunter un livre. Je le trouvai fort occupé à écrire. Il ne se dérangea point, et parut à peine s'apercevoir de ma présence dans sa chambre. Je m'assis près de son bureau et je contemplai ses traits; ils étaient tellement altérés, qu'un autre que moi aurait eu de la peine à le reconnaître. Tout d'un coup j'aperçus sur le bureau une lettre déjà cachetée, et qui m'était adressée. Je l'ouvris aussitôt. Roger m'annonçait qu'il allait mettre fin à ses jours, et me chargeait de différentes commissions. Pendant que je lisais, il écrivait toujours sans prendre garde à moi: c'était à Gabrielle qu'il faisait ses adieux... Vous pensez quel fut mon étonnement, et ce que je dus lui dire, confondu comme je l'étais de sa résolution.

– Comment, tu veux te tuer, toi qui es si heureux?

– Mon ami, me dit-il en cachetant sa lettre, tu ne sais rien; tu ne me connais pas, je suis un fripon; je suis si méprisable, qu'une fille de joie m'insulte; et je sens si bien ma bassesse, que je n'ai pas la force de la battre.

Alors il me raconta l'histoire de la partie de trictrac, et tout ce que vous savez déjà. En l'écoutant, j'étais pour le moins aussi ému que lui; je ne savais que lui dire; je lui serrais les mains, j'avais les larmes aux yeux, mais je ne pouvais parler. Enfin l'idée me vint de lui représenter qu'il n'avait pas à se reprocher d'avoir causé volontairement la ruine du Hollandais, et qu'après tout il ne lui avait fait perdre par sa...tricherie...que vingt-cinq napoléons.

– Donc! s'écria-t-il avec une ironie amère, je suis un petit voleur et non un grand. Moi qui avais tant d'ambition! N'être qu'un friponneau!...

Et il éclata de rire.

Je fondis en larmes.

Tout à coup la porte s'ouvrit; une femme entra et se précipita dans ses bras: c'était Gabrielle.

– Pardonne-moi, s'écria-t-elle en l'étreignant avec force, pardonne-moi. Je le sens bien, je n'aime que toi. Je t'aime mieux maintenant que si tu n'avais pas fait ce que tu te reproches. Si tu veux, je volerai...j'ai déjà volé... Oui, j'ai volé une montre d'or... Que peut-on faire de pis?

Roger secoua la tête d'un air d'incrédulité; mais son front parut s'éclaircir.

– Non, ma pauvre enfant, dit-il en la repoussant avec douceur, il faut absolument que je me tue. Je souffre trop, je ne puis résister à la douleur que je sens là.

– Eh bien! si tu veux mourir, Roger, je mourrai avec toi! Sans toi, que m'importe la vie! J'ai du courage, j'ai tiré des fusils; je me tuerai tout comme un autre. D'abord, moi qui ai joué la tragédie, j'en ai l'habitude. Elle avait les larmes aux yeux en commençant, cette dernière idée la fit rire, et Roger lui-même laissa échapper un sourire.

– Tu ris, mon officier, s'écria-t-elle en battant des mains et en l'embrassant; tu ne te tueras pas!

Et elle l'embrassait toujours, tantôt pleurant, tantôt riant, tantôt jurant comme un matelot; car elle n'était pas de ces femmes qu'un gros mot effraye.

Cependant je m'étais emparé des pistolets et du poignard de Roger, et je lui dis:

– Mon cher Roger, tu as une maîtresse et un ami qui t'aiment. Crois-moi, tu peux encore avoir quelque bonheur en ce monde. Je sortis après l'avoir embrassé, et je le laissai seul avec Gabrielle.

Je crois que nous ne serions parvenus qu'à retarder seulement son funeste dessein, s'il n'avait reçu du ministre l'ordre de partir, comme premier lieutenant, à bord d'une frégate qui devait aller croiser dans les mers de l'Inde, après avoir passé au travers de l'escadre anglaise qui bloquait le port. L'affaire était hasardeuse. Je lui fis entendre qu'il valait mieux mourir noblement d'un boulet anglais que de mettre fin lui-même à ses jours, sans gloire et sans utilité pour son pays. Il promit de vivre. Des quarante mille francs, il en distribua la moitié à des matelots estropiés ou à des veuves et des enfants de marins. Il donna le reste à Gabrielle, qui d'abord jura de n'employer cet argent qu'en bonnes œuvres. Elle avait bien l'intention de tenir parole, la pauvre fille; mais l'enthousiasme était chez elle de courte durée. J'ai su depuis qu'elle donna quelques milliers de francs aux pauvres. Elle s'acheta des chiffons avec le reste.

Nous montâmes, Roger et moi, sur une belle frégate, *la Galatée*: nos hommes étaient braves, bien exercés, bien disciplinés; mais notre commandant était un ignorant, qui se croyait un Jean Bart[48] parce qu'il jurait mieux qu'un capitaine d'armes, parce qu'il écorchait le français et qu'il n'avait jamais étudié la théorie de sa profession, dont il entendait assez médiocrement la pratique. Pourtant le sort le favorisa d'abord. Nous sortîmes heureusement de la rade, grâce à un coup de vent qui força l'escadre de blocus de gagner le large, et nous commençâmes notre croisière par brûler une corvette anglaise et un vaisseau de la compagnie[49] sur les côtes de Portugal.

Nous voguions lentement vers les mers de l'Inde, contrariés par les vents et par les fausses manoeuvres de notre capitaine, dont la maladresse augmentait le danger de notre croisière. Tantôt chassés par des forces supérieures, tantôt poursuivant des vaisseaux marchands, nous ne passions pas un seul jour sans quelque aventure nouvelle. Mais ni la vie hasardeuse que nous menions, ni les fatigues que lui donnait le détail de la frégate dont il était chargé, ne pouvaient distraire Roger des tristes pensées qui le poursuivaient sans relâche. Lui qui passait autrefois pour l'officier le plus actif et le plus brillant de notre port, maintenant il se bornait à faire seulement son devoir. Aussitôt que son service était fini, il se renfermait dans sa chambre, sans livres, sans papier; il passait des heures entières couché dans son cadre, et le malheureux ne pouvait dormir.

Un jour, voyant son abattement, je m'avisai de lui dire:

– Parbleu! mon cher, tu t'affliges pour peu de chose. Tu as escamoté vingt-cinq napoléons à un gros Hollandais, bien! – et tu as des remords pour plus d'un million. Or, dis-moi, quand tu étais l'amant de la femme du préfet de...n'en avais-tu point? Pourtant elle valait mieux que vingt-cinq napoléons.

Il se retourna sur son matelas sans me répondre.

Je poursuivis:

– Après tout, ton crime, puisque tu dis que c'est un crime, avait un motif honorable, et venait d'une âme élevée.

Il tourna la tête et me regarda d'un air furieux.

– Oui, car enfin, si tu avais perdu, que devenait Gabrielle? Pauvre fille, elle aurait vendu sa dernière chemise pour toi... Si tu perdais, elle était réduite à la misère... C'est pour elle, c'est par amour pour elle que tu as triché. Il y a des gens qui tuent par amour...qui se tuent... Toi, mon cher Roger, tu as fait plus. Pour un homme comme nous, il y a plus de courage à...voler, pour parler net, qu'à se tuer.

Peut-être maintenant, me dit le capitaine, interrompant son récit, vous semblé-je ridicule. Je vous assure que mon amitié pour Roger me donnait dans ce moment une éloquence que je ne retrouve plus aujourd'hui; et, le diable m'emporte, en lui parlant de la sorte j'étais de bonne foi, et je croyais tout ce que je disais. Ah! j'étais jeune alors!

Roger fut quelque temps sans répondre; il me tendit la main.

– Mon ami, dit-il en paraissant faire un grand effort sur lui-même, tu me crois meilleur que je ne suis. Je suis un lâche coquin. Quand j'ai triché ce Hollandais, je ne pensais qu'à gagner vingt-cinq napoléons, voilà tout. Je ne pensais pas à Gabrielle, et voilà pourquoi je me méprise... Moi, estimer mon honneur moins que vingt-cinq napoléons!... Quelle bassesse! Oui, je serais heureux de pouvoir me dire: «J'ai volé pour tirer Gabrielle de la misère...» Non!...non! je ne pensais pas à elle... Je n'étais pas amoureux dans ce moment... J'étais un joueur...j'étais un voleur... J'ai volé de l'argent pour l'avoir à moi...et cette action m'a tellement abruti, avili, que je n'ai plus aujourd'hui de courage ni d'amour...je vis, et je ne pense plus à Gabrielle...je suis un homme fini.

Il paraissait si malheureux que, s'il m'avait demandé mes pistolets pour se tuer, je crois que je les lui aurais donnés.

Un certain vendredi, jour de mauvais augure, nous découvrîmes une grosse frégate anglaise, *l'Alceste*, qui prit chasse sur nous. Elle portait cinquante-huit canons, nous n'en avions que trente-huit. Nous fîmes force de voiles pour lui échapper; mais sa marche était supérieure, elle gagnait sur nous à chaque instant; il était évident qu'avant la nuit nous serions contraints de livrer un combat inégal. Notre capitaine appela Roger dans sa chambre, où ils furent un grand quart d'heure à consulter emsemble. Roger remonta sur le tillac, me prit par le bras, et me tira à l'écart.

– D'ici à deux heures, me dit-il, l'affaire va s'engager; ce brave homme là-bas qui se démène sur le gaillard d'arrière a perdu la tête. Il y avait deux partis à prendre: le premier, le plus honorable, était de laisser l'ennemi arriver sur nous, puis de l'aborder vigoureusement en jetant à son bord une centaine de gaillards déterminés; l'autre parti, qui n'est pas mauvais, mais qui est assez lâche, serait de nous alléger en jetant à la mer une partie de nos canons. Alors nous pourrions serrer de très près la côte d'Afrique que nous découvrons là-bas à bâbord. L'Anglais, de peur de s'échouer, serait bien obligé de nous laisser échapper; mais notre...capitaine n'est ni un lâche ni un héros: il va se laisser démolir de loin à coups de canon, et après quelques heures de combat il amènera honorablement son pavillon. Tant pis pour vous: les pontons de Portsmouth vous attendent. Quant à moi, je ne veux pas les voir.

– Peut-être, lui dis-je, nos premiers coups de canon feront-ils à l'ennemi des avaries assez fortes pour l'obliger à cesser la chasse.

– Écoute, je ne veux pas être prisonnier, je veux me faire tuer; il est temps que j'en finisse. Si par malheur je ne suis que blessé, donne-moi ta parole que tu me jetteras à la mer. C'est le lit où doit mourir un bon marin comme moi.

– Quelle folie! m'écriai-je, et quelle commission me donnes-tu là!

– Tu rempliras le devoir d'un bon ami. Tu sais qu'il faut que je meure. Je n'ai consenti à ne pas me tuer que dans l'espoir d'être tué, tu dois t'en souvenir. Allons, fais-moi cette promesse; si tu me refuses, je vais demander ce service à ce contremaître, qui ne me refusera pas.

Après avoir réfléchi quelque temps, je lui dis:

– Je te donne ma parole de faire ce que tu désires, pourvu que tu sois blessé à mort, sans espérance de guérison. Dans ce cas je consens à t'épargner des souffrances.

– Je serai blessé à mort ou bien je serai tué. Il me tendit la main, je la serrai fortement. Dès lors il fut plus calme, et même une certaine gaieté martiale brilla sur son visage.

Vers trois heures de l'après-midi, les canons de chasse de l'ennemi commencèrent à porter dans nos agrès. Nous carguâmes alors une partie de nos voiles; nous présentâmes le travers à *l'Alceste*, et nous fîmes un feu roulant auquel les Anglais répondirent avec vigueur. Après environ une heure de combat, notre capitaine, qui ne faisait rien à propos, voulut essayer l'abordage. Mais nous avions déjà beaucoup de morts et de blessés, et le reste de notre équipage avait perdu de son ardeur; enfin nous avions beaucoup souffert dans nos agrès, et nos mâts étaient fort endommagés. Au moment où nous déployâmes nos voiles pour nous rapprocher de l'Anglais, notre grand mât, qui ne tenait plus à rien, tomba avec un fracas horrible. *L'Alceste* profita de la confusion où nous jeta d'abord cet accident. Elle vint passer à notre poupe en nous lâchant à demi-portée de pistolet toute sa bordée; elle traversa de l'avant à l'arrière notre malheureuse frégate, qui ne pouvait lui opposer sur ce point que deux petits canons. Dans ce moment j'étais auprès de Roger, qui s'occupait à faire couper les haubans qui retenaient encore le mât abattu. Je le sens qui me serrait le bras avec force; je me retourne, et je le vois renversé sur le tillac et tout couvert de sang. Il venait de recevoir un coup de mitraille dans le ventre.

Le capitaine courut à lui:

– Que faire, lieutenant? s'écria-t-il.

– Il faut clouer notre pavillon à ce tronçon de mât et nous faire couler.

Le capitaine le quitta aussitôt, goûtant fort peu ce conseil.

– Allons, me dit Roger, souviens-toi de ta promesse.

– Ce n'est rien, lui dis-je, tu peux en revenir.

– Jette-moi par-dessus le bord, s'écria-t-il en jurant horriblement et me saisissant par la basque de mon habit; tu vois bien que je n'en puis réchapper; jette-moi à la mer, je ne veux pas voir amener notre pavillon.

Deux matelots s'approchèrent de lui pour le porter à fond de cale.

– A vos canons, coquins, s'écria-t-il avec force; tirez à mitraille et pointez au tillac. Et toi, si tu manques à ta parole, je te maudis, et je te tiens pour le plus lâche et le plus vil de tous les hommes!

Sa blessure était certainement mortelle. Je vis le capitaine appeler un aspirant et lui donner l'ordre d'amener notre pavillon.

– Donne-moi une poignée de main, dis-je à Roger.

Au moment même où notre pavillon fut amené...

– Capitaine, une baleine à bâbord! interrompit un enseigne accourant à nous.

– Une baleine? s'écria le capitaine transporté de joie et laissant là son récit. Vite, la chaloupe à la mer! la yole à la mer! toutes les chaloupes à la mer! – Des harpons, des cordes! etc., etc.

Je ne pus savoir comment mourut le pauvre lieutenant Roger.

# 3

# *Le Pied de momie*

## Théophile Gautier (1811-72)

J'étais entré par désoeuvrement chez un de ces marchands de curiosités dits marchands de bric-à-brac dans l'argot parisien, si parfaitement inintelligible pour le reste de la France.

Vous avez sans doute jeté l'oeil, à travers le carreau, dans quelques-unes de ces boutiques devenues si nombreuses depuis qu'il est de mode d'acheter des meubles anciens, et que le moindre agent de change se croit obligé d'avoir sa *chambre Moyen Age*.

C'est quelque chose qui tient à la fois de la boutique du ferrailleur, du magasin du tapissier, du laboratoire de l'alchimiste et de l'atelier du peintre. Dans ces antres mystérieux où les volets filtrent un prudent demi-jour, ce qu'il y a de plus notoirement ancien, c'est la poussière; les toiles d'araignées y sont plus authentiques que les guipures, et le vieux poirier y est plus jeune que l'acajou arrivé hier d'Amérique.

Le magasin de mon marchand de bric-à-brac était un véritable capharnaüm; tous les siècles et tous les pays semblaient s'y être donné rendez-vous; une lampe étrusque de terre rouge posait sur une armoire de Boule, aux panneaux d'ébène sévèrement rayés de filaments de cuivre; une duchesse du temps de Louis XV allongeait nonchalamment ses pieds de biche sous une épaisse table du règne de Louis XIII, aux lourdes spirales de bois de chêne, aux sculptures entremêlées de feuillages et de chimères.

Une armure damasquinée de Milan faisant miroiter dans un coin le ventre rubané de sa cuirasse; des amours et des nymphes de biscuit, des magots de la Chine, des cornets de céladon et de craquelé, des tasses de Saxe et de vieux Sèvres encombraient les étagères et les encoignures.

Sur les tablettes denticulées des dressoirs, rayonnaient d'immenses plats du Japon, aux dessins rouges et bleus, relevés de hachures d'or, côte à côte avec des émaux de Bernard Palissy, représentant des couleuvres, des grenouilles et des lézards en relief.

Des armoires éventrées s'échappaient des cascades de lampas glacé d'argent, des flots de brocatelle criblée de grains lumineux par un oblique rayon de soleil; des portraits de toutes les époques souriaient à travers leur vernis jaune dans des cadres plus ou moins fanés.

Le marchand me suivait avec précaution dans le tortueux passage pratiqué entre les piles de meubles, abattant de la main l'essor hasardeux des basques de mon habit, surveillant mes coudes avec l'attention inquiète de l'antiquaire et de l'usurier.

C'était une singulière figure que celle du marchand: un crâne immense, poli comme un genou, entouré d'une maigre auréole de cheveux blancs que faisait ressortir plus vivement le ton saumon-clair de la peau, lui donnait un faux air de bonhomie patriarcale, corrigée, du reste, par le scintillement de deux petits yeux jaunes qui tremblotaient dans leur orbite comme deux louis d'or sur du vif-argent. La courbure du nez avait une silhouette aquiline qui rappelait le type oriental ou juif. Ses mains, maigres, fluettes, veinées, pleines de nerfs en saillie comme les cordes d'un manche à violon, onglées de griffes semblables à celles qui terminent les ailes membraneuses des chauves-souris, avait un mouvement d'oscillation sénile, inquiétant à voir; mais ces mains agitées de tics fiévreux devenaient plus fermes que des tenailles d'acier ou des pinces de homard dès qu'elles soulevaient quelque objet précieux, une coupe d'onyx, un verre de Venise ou un plateau de cristal de Bohème; ce vieux drôle avait un air si profondément rabbinique et cabalistique qu'on l'eût brûlé sur la mine, il y a trois siècles.

«Ne m'achèterez-vous rien aujourd'hui, monsieur? Voilà un kriss malais dont la lame ondule comme une flamme; regardez ces rainures pour égoutter le sang, ces dentelures pratiquées en sens inverse pour arracher les entrailles en retirant le poignard; c'est une arme féroce, d'un beau caractère et qui ferait très bien dans votre trophée; cette épée à deux mains est très belle, elle est de Josepe de la Hera, et cette cauchelimarde[50] à coquille fenestrée, quel superbe travail!

– Non, j'ai assez d'armes et d'instruments de carnage; je voudrais une figurine, un objet quelconque qui pût me servir de serre-papier, car je ne puis souffrir tous ces bronzes de pacotille que vendent les papetiers, et qu'on retrouve invariablement sur tous les bureaux.»

Le vieux gnome, furetant dans ses vieilleries, étala devant moi des bronzes antiques ou soi-disant tels, des morceaux de malachite, de petites idoles indoues ou chinoises, espèce de poussahs de jade, incarnation de Brahma ou de Wishnou merveilleusement propre à cet usage, assez peu divin, de tenir en place des journaux et des lettres.

J'hésitais entre un dragon de porcelaine tout constellé de verrues, la gueule ornée de crocs et de barbelures, et un petit fétiche mexicain fort abominable, représentant au naturel le dieu Witziliputzili, quand j'aperçus un pied charmant que je pris d'abord pour un fragment de Vénus antique.

Il avait ces belles teintes fauves et rousses qui donnent au bronze florentin cet aspect chaud et vivace, si préférable au ton vert-de-grisé des bronzes ordinaires qu'on prendrait volontiers pour des statues en putréfaction: des luisants satinés frissonnaient sur ses formes rondes et polies par les baisers amoureux de vingt siècles; car ce devait être un airain de Corinthe, un ouvrage du meilleur temps, peut-être une fonte de Lysippe!

«Ce pied fera mon affaire», dis-je au marchand, qui me regarda d'un air ironique et sournois en me tendant l'objet demandé pour que je pusse l'examiner plus à mon aise.

Je fus surpris de sa légèreté; ce n'était pas un pied de métal, mais bien un pied de chair, un pied embaumé, un pied de momie: en regardant de près, l'on pouvait distinguer le grain de la peau et la gauffrure presque imperceptible imprimée par la trame des bandelettes. Les doigts étaient fins, délicats, terminés par des ongles parfaits, purs et transparents comme des agathes; le pouce, un peu séparé, contrariait heureusement le plan des autres doigts à la manière antique, et lui donnait une attitude dégagée, une sveltesse de pied d'oiseau; la plante, à peine rayée de quelques hachures invisibles, montrait qu'elle n'avait jamais touché la terre, et ne s'était trouvée en contact qu'avec les plus fines nattes de roseaux du Nil et les plus moelleux tapis de peaux de panthères.

«Ha! ha! vous voulez le pied de la princesse Hermonthis, dit le marchand avec un ricanement étrange, en fixant sur moi ses yeux de hibou: ha! ha! ha! pour un serre-papier! idée originale, idée d'artiste; qui aurait dit au vieux Pharaon que le pied de sa fille adorée servirait de serre-papier l'aurait bien surpris, lorsqu'il faisait creuser une montagne de granit pour y mettre le triple cercueil peint et doré, tout couvert d'hiéroglyphes avec de belles peintures du jugement des âmes, ajouta à demi-voix et comme se parlant à lui-même le petit marchand singulier.

– Combien me vendrez-vous ce fragment de momie?

– Ah! le plus cher que je pourrai, car c'est un morceau superbe; si j'avais le pendant, vous ne l'auriez pas à moins de cinq cents francs: la fille d'un Pharaon, rien n'est plus rare.

– Assurément cela n'est pas commun; mais enfin combien en voulez-vous? D'abord je vous avertis d'une chose, c'est que je ne possède pour trésor que cinq louis; – j'achèterai tout ce qui coûtera cinq louis, mais rien de plus.

«Vous scruteriez les arrière-poches de mes gilets, et mes tiroirs les plus intimes, que vous n'y trouveriez pas seulement un misérable tigre à cinq griffes.

– Cinq louis le pied de la princesse Hermonthis, c'est bien peu, très peu en vérité, un pied authentique, dit le marchand en hochant la tête et en imprimant à ses prunelles un mouvement rotatoire.

«Allons, prenez-le, et je vous donne l'enveloppe par-dessus le marché, ajouta-t-il en le roulant dans un vieux lambeau de damas; très beau, damas véritable, damas des Indes, qui n'a jamais été reteint; c'est fort, c'est moelleux», marmottait-il en promenant ses doigts sur le tissu éraillé par un reste d'habitude commerciale qui lui faisait vanter un objet de si peu de valeur qu'il le jugeait lui-même digne d'être donné.

Il coula les pièces d'or dans une espèce d'aumônière du Moyen Age pendant à sa ceinture, en répétant:

«Le pied de la princesse Hermonthis servir de serre-papier!»

Puis, arrêtant sur moi ses prunelles phosphoriques, il me dit avec une voix stridente comme le miaulement d'un chat qui vient d'avaler une arête:

«Le vieux Pharaon ne sera pas content, il aimait sa fille, ce cher homme.

– Vous en parlez comme si vous étiez son contemporain; quoique vieux, vous ne remontez cependant pas aux pyramides d'Égypte, lui répondis-je en riant du seuil de la boutique.»

Je rentrai chez moi fort content de mon acquisition.

Pour la mettre tout de suite à profit, je posai le pied de la divine princesse Hermonthis sur une liasse de papier, ébauche de vers, mosaïque indéchiffrable de ratures: articles commencés, lettres oubliées et mises à la poste dans le tiroir, erreur qui arrive souvent aux gens distraits; l'effet était charmant, bizarre et romantique.

Très satisfait de cet embellissement, je descendis dans la rue, et j'allai me promener avec la gravité convenable et la fierté d'un homme qui a sur tous les passants qu'il coudoie l'avantage ineffable de posséder un morceau de la princesse Hermonthis, fille de Pharaon.

Je trouvai souverainement ridicules tous ceux qui ne possédaient pas, comme moi, un serre-papier aussi notoirement égyptien; et la vraie occupation d'un homme sensé me paraissait d'avoir un pied de momie sur son bureau.

Heureusement la rencontre de quelques amis vint me distraire de mon engouement de récent acquéreur; je m'en allai dîner avec eux, car il m'eût été difficile de dîner avec moi.

Quand je revins le soir, le cerveau marbré de quelques veines de gris de perle, une vague bouffée de parfum oriental me chatouilla délicatement l'appareil olfactif; la chaleur de la chambre avait attiédi le natrum, le bitume et la myrrhe dans lesquels les *paraschites*[51] inciseurs de cadavres avaient baigné le corps de la princesse; c'était un parfum doux quoique pénétrant, un parfum que quatre mille ans n'avaient pu faire évaporer.

Le rêve de l'Égypte était l'éternité: ses odeurs ont la solidité du granit, et durent autant.

Je bus bientôt à pleines gorgées dans la coupe noire du sommeil; pendant une heure ou deux tout resta opaque, l'oubli et le néant m'inondaient de leurs vagues sombres.

Cependant mon obscurité intellectuelle s'éclaira, les songes commencèrent à m'effleurer de leur vol silencieux.

Les yeux de mon âme s'ouvrirent, et je vis ma chambre telle qu'elle était effectivement: j'aurais pu me croire éveillé, mais une vague perception me disait que je dormais et qu'il allait se passer quelque chose de bizarre.

L'odeur du la myrrhe avait augmenté d'intensité, et je sentais un léger mal de tête que j'attribuais fort raisonnablement à quelques verres de vin de Champagne que nous avions bus aux dieux inconnus et à nos succès futurs.

Je regardais dans ma chambre avec un sentiment d'attente que rien ne justifiait; les meubles étaient parfaitement en place, la lampe brûlait sur la console, doucement estampée par la blancheur laiteuse de son globe de cristal dépoli; les aquarelles miroitaient sous leur verre de Bohème; les rideaux pendaient languissamment: tout avait l'air endormi et tranquille.

Cependant, au bout de quelques instants, cet intérieur si calme parut se troubler, les boiseries craquaient furtivement; la bûche enfouie sous la cendre lançait tout à coup un jet de gaz bleu, et les disques des patères semblaient des yeux de métal attentifs comme moi aux choses qui allaient se passer.

Ma vue se porta par hasard vers la table sur laquelle j'avais posé le pied de la princesse Hermonthis.

Au lieu d'être immobile comme il convient à un pied embaumé depuis quatre mille ans, il s'agitait, se contractait et sautillait sur les papiers comme une grenouille effarée: on l'aurait cru en contact avec une pile voltaïque; j'entendais fort distinctement le bruit sec que produisait son petit talon, dur comme un sabot de gazelle.

J'étais assez mécontent de mon acquisition, aimant les serre-papiers sédentaires et trouvant peu naturel de voir les pieds se promener sans jambes, et je commençais à éprouver quelque chose qui ressemblait fort à de la frayeur.

Tout à coup je vis remuer le pli d'un de mes rideaux, et j'entendis un piétinement comme d'une personne qui sauterait à cloche-pied. Je dois avouer que j'eus chaud et froid alternativement; que je sentis un vent inconnu me souffler dans le dos, et que mes cheveux firent sauter, en se redressant, ma coiffure de nuit à deux ou trois pas.

Les rideaux s'entrouvrirent, et je vis s'avancer la figure la plus étrange qu'on puisse imaginer.

C'était une jeune fille, café au lait très foncé, comme la bayadère Amani,[52] d'une beauté parfaite et rappelant le type égyptien le plus pur; elle avait des yeux taillés en armande avec des coins relevés et des sourcils tellement noirs qu'ils paraissaient bleus, son nez était d'une coupe délicate, presque grecque pour la finesse, et l'on aurait pu la prendre pour une statue de bronze de Corinthe, si la proéminence des pommettes et l'épanouissement un peu africain de la bouche n'eussent fait reconnaître, à n'en pas douter, la race hiéroglyphique des bords du Nil.

Ses bras minces et tournés en fuseau, comme ceux des très jeunes filles, étaient cerclés d'espèces d'empistes de métal et de tours de verroterie; ses cheveux étaient nattés en cordelettes, et sur sa poitrine pendait une idole en pâte verte que son fouet à sept branches faisait reconnaître pour l'Isis, conductrice des âmes; une plaque d'or scintillait à son front, et quelques traces de fard perçaient sous les teintes de cuivre de ses joues.

Quant à son costume, il était très étrange.

Figurez-vous un pagne de bandelettes chamarrées d'hiéroglyphes noirs et rouges, empesées de bitume et qui semblaient appartenir à une momie fraîchement démaillottée.

Par un de ces sauts de pensée si fréquents dans les rêves, j'entendis la voix fausse et enrouée du marchand de bric-à-brac, qui répétait, comme un refrain monotone, la phrase qu'il avait dite dans sa boutique avec une intonation si énigmatique.

«Le vieux Pharaon ne sera pas content; il aimait beaucoup sa fille, ce cher homme.»

Particularité étrange et qui ne me rassura guère, l'apparition n'avait qu'un seul pied, l'autre jambe était rompue à la cheville.

Elle se dirigea vers la table où le pied de momie s'agitait et frétillait avec un redoublement de vitesse. Arrivée là, elle s'appuya sur le rebord, et je vis une larme germer et perler dans ses yeux.

Quoiqu'elle ne parlât pas, je discernais clairement sa pensée: elle regardait le pied, car c'était bien le sien, avec une expression de tristesse coquette d'une grâce infinie; mais le pied sautait et courait çà et là comme s'il eût été poussé par des ressorts d'acier.

Deux ou trois fois elle étendit sa main pour le saisir, mais elle n'y réussit pas.

Alors il s'établit entre la princesse Hermonthis et son pied, qui paraissait doué d'une vie à part, un dialogue très bizarre dans un cophte très ancien, tel qu'on pouvait le parler, il y a une trentaine de siècles, dans les syringes[53] du pays de Ser: heureusement que cette nuit-là je savais le cophte en perfection.

La princesse Hermonthis disait d'un ton de voix doux et vibrant comme une clochette de cristal:

«Eh bien! mon cher petit pied, vous me fuyez toujours, j'avais pourtant bien soin de vous. Je vous baignais d'eau parfumée, dans un bassin d'albâtre; je polissais votre talon avec la pierre-ponce trempée d'huile de palmes, vos ongles étaient coupés avec des pinces d'or et polis avec de la dent d'hippopotame, j'avais soin de choisir pour vous des thabebs brodés et peints à pointes recourbées, qui faisaient l'envie de toutes les jeunes filles de l'Égypte; vous aviez à votre orteil des bagues représentant le scarabée sacré, et vous portiez un des corps les plus légers que puisse souhaiter un pied paresseux.»

Le pied répondit d'un ton boudeur et chagrin:

«Vous savez bien que je ne m'appartiens plus, j'ai été acheté et payé; le vieux marchand savait bien ce qu'il faisait, il vous en veut toujours d'avoir refusé de l'épouser: c'est un tour qu'il vous a joué.

«L'Arabe qui a forcé votre cercueil royal dans le puits souterrain de la nécropole de Thèbes était envoyé par lui, il voulait vous empêcher d'aller à la réunion des peuples ténébreux, dans les cités inférieures. Avez-vous cinq pièces d'or pour me racheter?

– Hélas! non. Mes pierreries, mes anneaux, mes bourses d'or et d'argent, tout m'a été volé, répondit la princesse Hermonthis avec un soupir.

– Princesse, m'écriai-je alors, je n'ai jamais retenu injustement le pied de personne: bien que vous n'ayez pas les cinq louis qu'il m'a coûté, je vous le rends de bonne grâce; je serais désespéré de rendre boiteuse une aussi aimable personne que la princesse Hermonthis.»

Je débitai ce discours d'un ton régence et troubadour qui dut surprendre la belle Égyptienne.

Elle tourna vers moi un regard chargé de reconnaissance, et ses yeux s'illuminèrent de lueurs bleuâtres.

Elle prit son pied, qui, cette fois, se laissa faire, comme une femme qui va mettre son brodequin, et l'ajusta à sa jambe avec beaucoup d'adresse.

Cette opération terminée, elle fit deux ou trois pas dans la chambre, comme pour s'assurer qu'elle n'était réellement plus boiteuse.

«Ah! comme mon père va être content, lui qui était si désolé de ma mutilation, et qui avait, dès le jour de ma naissance, mis un peuple tout entier à l'ouvrage pour me creuser un tombeau si profond qu'il pût me conserver intacte jusqu'au jour suprême où les âmes doivent êtres pesées dans les balances de l'Amenthi.

«Venez avec moi chez mon père, il vous recevra bien, vous m'avez rendu mon pied.»

Je trouvai cette proposition toute naturelle; j'endossai une robe de chambre à grands ramages, qui me donnait un air très pharaonesque; je chaussai à la hâte des babouches turques, et je dis à la princesse Hermonthis que j'étais prêt à la suivre.

Hermonthis, avant de partir, détacha de son col la petite figurine de pâte verte et la posa sur les feuilles éparses qui couvraient la table.

«Il est bien juste, dit-elle en souriant, que je remplace votre serre-papier.»

Elle me tendit sa main, qui était douce et froide comme une peau de couleuvre, et nous partîmes.

Nous filâmes pendant quelque temps avec la rapidité de la flèche dans un milieu fluide et grisâtre, où des silhouettes à peine ébauchées passaient à droite et à gauche.

Un instant, nous ne vîmes que l'eau et le ciel.

Quelques minutes après, des obélisques commencèrent à pointer, des pylônes, des rampes côtoyées de sphinx se dessinèrent à l'horizon.

Nous étions arrivés.

La princesse me conduisit devant une montagne de granit rose où se trouvait une ouverture étroite et basse qu'il eût été difficile de distinguer des fissures de la pierre si deux stèles bariolées de sculptures ne l'eussent fait reconnaître.

Hermonthis alluma une torche et se mit à marcher devant moi.

C'étaient des corridors taillés dans le roc vif; les murs, couverts de panneaux d'hiéroglyphes et de processions allégoriques, avaient dû occuper des milliers de bras pendant des milliers d'années; ces corridors, d'une longueur interminable, aboutissaient à des chambres carrées, au milieu desquelles étaient pratiqués des puits, où nous descendions au moyen de crampons ou d'escaliers en spirale; ces puits nous conduisaient dans d'autres chambres, d'où partaient d'autres corridors également bigarrés d'éperviers, de serpents roulés en cercle, de tau, de pedum, de bari mystiques, prodigieux travail que nul oeil humain vivant ne devait voir, interminables légendes de granit que les morts avaient seuls le temps de lire pendant l'éternité.[54]

Enfin, nous débouchâmes dans une salle si vaste, si énorme, si démesurée, que l'on ne pouvait en apercevoir les bornes; à perte de vue s'étendaient des files de colonnes monstrueuses entre lesquelles tremblotaient de livides étoiles de lumière jaune: ces points brillants révélaient des profondeurs incalculables.

La princesse Hermonthis me tenait toujours par la main et saluait gracieusement les momies de sa connaissance.

Mes yeux s'accoutumaient à ce demi-jour crépusculaire, et commençaient à discerner les objets.

Je vis, assis sur des trônes, les rois des races souterraines: c'étaient de grands vieillards secs, ridés, parcheminés, noirs de naphte et de bitume, coiffés de pschents d'or, bardés de pectoraux et de hausse-cols, constellés de pierreries avec des yeux d'une fixité de sphinx et de longues barbes blanchies par la neige des siècles: derrière eux, leurs peuples embaumés se tenaient debout dans les poses roides et contraintes de l'art égyptien, gardant éternellement l'attitude prescrite par le codex hiératique; derrière les peuples miaulaient, battaient de l'aile et ricanaient les chats, les ibis et les crocodiles contemporains, rendus plus monstrueux encore par leur emmaillotage de bandelettes.

Tous les Pharaons étaient là, Chéops, Chephrenès, Psammetichus, Sésostris, Amenoteph; tous les noirs dominateurs des pyramides et des syringes; sur une estrade plus élevée siégeaient le roi Chronos et Xixouthros, qui fut contemporain du déluge, et Tubal Caïn qui le précéda.

La barbe du roi Xixouthros avait tellement poussé qu'elle avait déjà fait sept fois le tour de la table de granit sur laquelle il s'appuyait tout rêveur et tout somnolent.

Plus loin, dans une vapeur poussiéreuse, à travers le brouillard des éternités, je distinguais vaguement les soixante-douze rois préadamites avec leurs soixante-douze peuples à jamais disparus.

Après m'avoir laissé quelques minutes pour jouir de ce spectacle vertigineux, la princesse Hermonthis me présenta au Pharaon son père, qui me fit un signe de tête fort majestueux.

«J'ai retrouvé mon pied! j'ai retrouvé mon pied! criait la princesse en frappant ses petites mains l'une contre l'autre avec tous les signes d'une joie folle, c'est monsieur qui me l'a rendu.»

Les races de Kemé, les races de Nahasi, toutes les nations noires, bronzées, cuivrées, répétaient en choeur:

«La princesse Hermonthis a retrouvé son pied.»

Xixouthros lui-même s'en émut.

Il souleva sa paupière appesantie, passa ses doigts dans sa moustache, et laissa tomber sur moi son regard chargé de siècles.

«Par Oms, chien des enfers, et par Tmeï, fille du Soleil et de la Vérité, voilà un brave et digne garçon, dit le Pharaon en étendant vers moi son sceptre terminé par une fleur de lotus.

«Que veux-tu pour ta récompense?»

Fort de cette audace que donnent les rêves, où rien ne paraît impossible, je lui demandai la main d'Hermonthis: la main pour le pied me paraissait une récompense antithétique d'assez bon goût.

Le Pharaon ouvrit tout grands ses yeux de verre, surpris de ma plaisanterie et de ma demande.

«De quel pays es-tu et quel est ton âge?»

– Je suis Français, et j'ai vingt-sept ans, vénérable Pharaon.

– Vingt-sept ans! et il veut épouser la princesse Hermonthis, qui a trente siècles! s'écrièrent à la fois tous les trônes et tous les cercles des nations.»

Hermonthis seule ne parut pas trouver ma requête inconvenante.

«Si tu avais seulement deux mille ans, reprit le vieux roi, je t'accorderais bien volontiers la princesse, mais la disproportion est trop forte, et puis il faut à nos filles des maris qui durent, vous ne savez plus vous conserver: les derniers, qu'on a apportés il y a quinze siècles à peine, ne sont plus qu'une pincée de cendre; regarde, ma chair est dure comme du basalte, mes os sont des barres d'acier.

«J'assisterai au dernier jour du monde avec le corps et la figure que j'avais de mon vivant; ma fille Hermonthis durera plus qu'une statue de bronze.

«Alors le vent aura dispersé le dernier grain de ta poussière, et Isis elle-même, qui sut retrouver les morceaux d'Osiris, serait embarrassée de recomposer ton être.

«Regarde comme je suis vigoureux encore et comme mes bras tiennent bien», dit-il en me secouant la main à l'anglaise, de manière à me couper les doigts avec mes bagues.

Il me serra si fort que je m'éveillai, et j'aperçus mon ami Alfred qui me tirait par le bras et me secouait pour me faire lever.

«Ah, ça! enragé dormeur, faudra-t-il te faire porter au milieu de la rue et te tirer un feu d'artifice aux oreilles?

«Il est plus de midi, tu ne te rappelles donc pas que tu m'avais promis de venir me prendre pour aller voir les tableaux espagnols de M. Aguado?

– Mon Dieu! je n'y pensais plus, répondis-je en m'habillant; nous allons y aller: j'ai la permission ici sur mon bureau.»

Je m'avançais effectivement pour la prendre; mais jugez de mon étonnement lorsqu'à la place du pied de momie que j'avais acheté la veille, je vis la petite figurine de pâte verte mise à sa place par la princesse Hermonthis!

# 4

# *Le Chat noir*

## Edgar Allan Poe (1809-49) Translated by Charles Baudelaire (1821-67)

Relativement à la très étrange et pourtant très familière histoire que je vais coucher par écrit, je n'attends ni ne sollicite la créance. Vraiment, je serais fou de m'y attendre dans un cas où mes sens eux-mêmes rejettent leur propre témoignage. Cependant, je ne suis pas fou, – et très certainement je ne rêve pas, mais demain je meurs, et aujourd'hui je voudrais décharger mon âme. Mon dessein immédiat est de placer devant le monde, clairement, succinctement et sans commentaires, une série de simples événements domestiques. Dans leurs conséquences, ces événements m'ont terrifié, – m'ont torturé, – m'ont anéanti. – Cependant, je n'essayerai pas de les élucider. Pour moi, ils ne m'ont guère présenté que de l'horreur: – à beaucoup de personnes ils paraîtront moins terribles que *baroques*.[55] Plus tard peut-être, il se trouvera une intelligence qui réduira mon fantôme à l'état de lieu commun, – quelque intelligence plus calme, plus logique et beaucoup moins excitable que la mienne, qui ne trouvera dans les circonstances que je raconte avec terreur qu'une succession ordinaire de causes et d'effets très naturels.

Dès mon enfance, j'étais noté pour la docilité et l'humanité de mon caractère. Ma tendresse de coeur était même si remarquable qu'elle avait fait de moi le jouet de mes camarades. J'étais particulièrement fou des animaux, et mes parents m'avaient permis de posséder une grande variété de favoris. Je passais presque tout mon temps avec eux, et je n'étais jamais si heureux que quand je les nourrissais et les caressais. Cette particularité de mon caractère s'accrut avec ma croissance, et, quand je devins homme, j'en fis une de mes principales sources de plaisir. Pour ceux qui ont voué une affection à un chien fidèle et sagace, je n'ai pas besoin d'expliquer la nature ou l'intensité des jouissances qu'on peut en tirer. Il y a dans l'amour désintéressé d'une bête, dans ce sacrifice d'elle-même, quelque chose qui va directement au coeur de celui qui a eu fréquemment l'occasion de vérifier la chétive amitié et la fidélité de gaze[56] de l'homme *naturel.*

Je me mariai de bonne heure, et je fus heureux de trouver dans ma femme une disposition sympathique à la mienne. Observant mon goût pour ces favoris domestiques, elle ne perdit aucune occasion de me procurer ceux de l'espèce la plus agréable. Nous eûmes des oiseaux, un poisson doré, un beau chien, des lapins, un petit singe et *un chat.*

Ce dernier était un animal remarquablement fort et beau, entièrement noir, et d'une sagacité merveilleuse. En parlant de son intelligence, ma femme, qui au fond n'était pas peu pénétrée de superstition, faisait de fréquentes allusions à l'ancienne croyance populaire qui regardait tous les chats noirs comme des sorcières déguisées. Ce n'est pas qu'elle fût toujours *sérieuse* sur ce point, – et, si je mentionne la chose, c'est simplement parce que cela me revient, en ce moment même, à la mémoire. Pluton – c'était le nom du chat – était mon préféré, mon camarade. Moi seul, je le nourrissais, et il me suivait dans la maison partout où j'allais. Ce n'était même pas sans peine que je parvenais à l'empêcher de me suivre dans les rues.

Notre amitié subsista ainsi plusieurs années, durant lesquelles l'ensemble de mon caractère et de mon tempérament, – par l'opération du démon Intempérance, je rougis de le confesser, – subit une altération, radicalement mauvaise. Je devins de jour en jour plus morne, plus irritable, plus insoucieux des sentiments des autres. Je me permis d'employer un langage brutal à l'égard de ma femme. A la longue, je lui infligeai même des violences personnelles. Mes pauvres favoris, naturellement, durent ressentir le changement de mon caractère. Non seulement je les négligeais, mais je les maltraitais. Quant à Pluton, toutefois, j'avais encore une considération suffisante qui m'empêchait de le malmener, tandis que je n'éprouvais aucun scrupule à maltraiter les lapins, le singe et même le chien, quand, par hasard ou par amitié, ils se jetaient dans mon chemin. Mais mon mal m'envahissait de plus en plus, – car quel mal est comparable à l'alcool? – et à la longue Pluton lui-même, qui maintenant se faisait vieux et qui naturellement devenait quelque peu maussade – Pluton lui-même commença à connaître les effets de mon méchant caractère.

Une nuit, comme je rentrais au logis très ivre, au sortir d'un de mes repaires habituels des faubourgs, je m'imaginai que le chat évitait ma présence. Je le saisis; – mais lui, effrayé de ma violence, il me fit à la main une légère blessure avec les dents. Une fureur de démon s'empara soudainement de moi. Je ne me connus plus, mon âme originelle sembla tout d'un coup s'envoler de mon corps, et une méchanceté hyperdiabolique, saturée de gin, pénétra chaque fibre de mon être. Je tirai de la poche de mon gilet un canif, je l'ouvris; je saisis la pauvre bête par la gorge, et, délibérément, je fis sauter un de ses yeux de son orbite! Je rougis! je brûle, je frissonne en écrivant cette damnable atrocité!

Quand la raison me revint avec le matin, – quand j'eus cuvé les vapeurs de ma débauche nocturne, – j'éprouvai un sentiment moitié d'horreur, moitié de remords, pour le crime dont je m'étais rendu coupable; mais c'était tout au plus un faible et équivoque sentiment, et l'âme n'en subit pas les atteintes. Je me replongeai dans les excès, et bientôt je noyai dans le vin tout le souvenir de mon action.

Cependant, le chat guérit lentement. L'orbite de l'oeil perdu présentait, il est vrai, un aspect effrayant, mais il n'en parut plus souffrir désormais. Il allait et venait dans la maison selon son habitude; mais, comme je devais m'y attendre, il fuyait avec une extrême terreur à mon approche. Il me restait assez de mon ancien coeur pour me sentir d'abord affligé de cette évidente antipathie de la part d'une créature qui jadis m'avait tant aimé. Mais ce sentiment fit bientôt place à l'irritation. Et alors apparut, comme pour ma chute finale et irrévocable, l'esprit de PERVERSITÉ. De cet esprit la philosophie ne tient aucun compte. Cependant, aussi sûr que mon âme existe, je crois que la perversité est une des primitives impulsions du coeur humain, – une des indivisibles premières facultés, ou sentiments, qui donne la direction au caractère de l'homme. Qui ne s'est pas surpris cent fois commettant une action sotte ou vile, par la seule raison qu'il savait devoir *ne pas* la commettre. N'avons-nous pas une perpétuelle inclination, malgré l'excellence de notre jugement, à violer ce qui est *la Loi*, simplement parce que nous comprenons que c'est *la Loi*? Cet esprit de perversité, dis-je, vint causer ma déroute finale. C'est ce désir ardent, insondable de l'âme *de se torturer elle-même*, – de violenter sa propre nature, – de faire le mal pour l'amour du mal seul, – qui me poussait à continuer, et finalement à consommer le supplice que j'avais infligé à la bête inoffensive. Un matin, de sang-froid, je glissai un nœud coulant autour de son cou, et je le pendis à la branche d'un arbre; – je le pendis avec des larmes plein mes yeux, – avec le plus amer remords dans le coeur; – je le pendis, *parce que* je savais qu'il m'avait aimé, et *parce que* je sentais qu'il ne m'avait donné aucun sujet de colère; – je le pendis, *parce que* je savais qu'en faisant ainsi je commettais un péché – un péché mortel qui compromettait mon âme immortelle, au point de la placer, – si une telle chose était possible, – même au delà de la miséricorde infinie du Dieu très miséricordieux et très terrible.

Dans la nuit qui suivit le jour où fut commise cette action cruelle, je fus tiré de mon sommeil par le cri «Au feu!» Les rideaux de mon lit étaient en flammes. Toute la maison flambait. Ce ne fut pas sans une grande difficulté que nous échappâmes à l'incendie, – ma femme, un domestique, et moi. La destruction fut complète. Toute ma fortune fut engloutie, et je m'abandonnai dès lors au désespoir.

Je ne cherche pas à établir une liaison de cause à effet entre l'atrocité et le désastre, je suis au-dessus de cette faiblesse. Mais je rends compte d'une chaîne de faits, – et je ne veux pas négliger un seul anneau. Le jour qui suivit l'incendie, je visitai les ruines. Les murailles étaient tombées, une seule exceptée; et cette seule exception se trouva être une cloison intérieure, peu épaisse, située à peu près au milieu de la maison, et contre laquelle s'appuyait le chevet de mon lit. La maçonnerie avait ici, en grande partie, résisté à l'action du feu, – fait que j'attribuai à ce qu'elle avait été récemment remise à neuf. Autour de ce mur, une foule épaisse était rassemblée, et plusieurs personnes paraissaient en examiner une portion particulière avec une minutieuse et vive attention. Les mots «Étrange!» «Singulier!» et autres expressions analogues, excitèrent ma curiosité. Je m'approchai, et je vis, semblable à un bas-relief sculpté sur la surface blanche, la figure d'un gigantesque *chat*. L'image était rendue avec une exactitude vraiment merveilleuse. Il y avait une corde autour du cou de l'animal.

Tout d'abord, en voyant cette apparition, – car je ne pouvais guère considérer cela que comme une apparition, – mon étonnement et ma terreur furent extrêmes. Mais enfin, la réflexion vint à mon aide. Le chat, je m'en souvenais, avait été pendu dans un jardin adjacent à la maison. Aux cris d'alarme, ce jardin avait été immédiatement envahi par la foule, et l'animal avait dû être détaché de l'arbre par quelqu'un, et jeté dans ma chambre à travers une fenêtre ouverte. Cela avait été fait, sans doute, dans le but de m'arracher au sommeil. La chute des autres murailles avait comprimé la victime de ma cruauté dans la substance du plâtre fraîchement étendu; la chaux de ce mur, combinée avec les flammes et l'ammoniaque du cadavre, avait ainsi opéré l'image telle que je la voyais.

Quoique je satisfisse ainsi lestement ma raison, sinon tout à fait ma conscience, relativement au fait surprenant que je viens de raconter, il n'en fit pas moins sur mon imagination une impression profonde. Pendant plusieurs mois je ne pus me débarrasser du fantôme du chat; et durant cette période un demi-sentiment revint dans mon âme, qui paraissait être, mais qui n'était pas le remords. J'allai jusqu'à déplorer la perte de l'animal, et à chercher autour de moi, dans les bouges méprisables que maintenant je fréquentais habituellement, un autre favori de la même espèce et d'une figure à peu près semblable pour le suppléer.

Une nuit, comme j'étais assis à moitié stupéfié, dans un repaire plus qu'infâme, mon attention fut soudainement attirée vers un objet noir, reposant sur le haut d'un des immenses tonneaux de gin ou de rhum qui composaient le principal ameublement de la salle. Depuis quelques minutes, je regardais fixement le haut de ce tonneau, et ce qui me surprenait maintenant, c'était de n'avoir pas encore aperçu l'objet situé dessus. Je m'en approchai, et je le touchai avec ma main. C'était un chat noir, – un très gros chat, – au moins aussi gros que Pluton, lui ressemblant absolument, excepté en un point. Pluton n'avait pas un poil blanc sur tout le corps; celui-ci portait une éclaboussure large et blanche, mais d'une forme indécise, qui couvrait presque toute la région de la poitrine.

A peine l'eus-je touché, qu'il se leva subitement, ronronna fortement, se frotta contre ma main, et parut enchanté de mon attention. C'était donc là la vraie créature dont j'étais en quête. J'offris tout de suite au propriétaire de le lui acheter; mais cet homme ne le revendiqua pas, – ne le connaissait pas, – ne l'avait jamais vu auparavant.

Je continuai mes caresses, et, quand je me préparai à retourner chez moi, l'animal se montra disposé à m'accompagner. Je lui permis de le faire, me baissant de temps à autre, et le caressant en marchant. Quand il fut arrivé à la maison, il s'y trouva comme chez lui, et devint tout de suite le grand ami de ma femme.

Pour ma part, je sentis bientôt s'élever en moi une antipathie contre lui. C'était justement le contraire de ce que j'avais espéré; mais – je ne sais ni comment ni pourquoi cela eut lieu – son évidente tendresse pour moi me dégoûtait presque et me fatiguait. Par de lents degrés, ces sentiments de dégoût et d'ennui s'élevèrent jusqu'à l'amertume de la haine. J'évitais la créature; une certaine sensation de honte et le souvenir de mon premier acte de cruauté m'empêchèrent de la maltraiter. Pendant quelques semaines, je m'abstins de battre le chat ou de le malmener violemment; mais graduellement, – insensiblement, – j'en vins à le considérer avec une indicible horreur, et à fuir silencieusement son odieuse présence, comme le souffle d'une peste.

Ce qui ajouta sans doute à ma haine contre l'animal, fut la découverte que je fis le matin, après l'avoir amené à la maison, que, comme Pluton, lui aussi avait été privé d'un de ses yeux. Cette circonstance, toutefois, ne fit que le rendre plus cher à ma femme, qui comme je l'ai déjà dit, possédait à un haut degré cette tendresse de sentiment qui jadis avait été mon trait caractéristique et la source fréquente de mes plaisirs les plus simples et les plus purs.

Néanmoins, l'affection du chat pour moi paraissait s'accroître en raison de mon aversion contre lui. Il suivait mes pas avec une opiniâtreté qu'il serait difficile de faire comprendre au lecteur. Chaque fois que je m'asseyais, il se blotissait sous ma chaise, ou il sautait sur mes genoux, me couvrant de ses affreuses caresses. Si je me levais pour marcher, il se fourrait dans mes jambes, et me jetait presque par terre, ou bien, enfonçant ses griffes longues et aiguës dans mes habits, grimpait de cette manière jusqu'à ma poitrine. Dans ces moments-là, quoique je désirasse le tuer d'un bon coup, j'en étais empêché, en partie par le souvenir de mon premier crime, mais principalement – je dois le confesser tout de suite – par une véritable *terreur* de la bête.

Cette terreur n'était pas positivement la terreur d'un mal physique – et cependant je serais fort en peine de la définir autrement. Je suis presque honteux d'avouer – oui, même dans cette cellule de malfaiteur, je suis presque honteux d'avouer que la terreur et l'horreur que m'inspirait l'animal avaient été accrues par une des plus parfaites chimères qu'il fût possible de concevoir. Ma femme avait appelé mon attention plus d'une fois sur le caractère de la tache blanche dont j'ai parlé, et qui constituait l'unique différence visible entre l'étrange bête et celle que j'avais tuée. Le lecteur se rappellera sans doute que cette marque, quoique grande, était primitivement indéfinie dans sa forme; mais lentement, par degrés – par des degrés imperceptibles, et que ma raison s'efforça longtemps de considérer comme imaginaires – elle avait à la longue pris une rigoureuse netteté de contours. Elle était maintenant l'image d'un objet que je frémis de nommer – et c'était là surtout ce qui me faisait prendre le monstre en horreur et en dégoût, et m'aurait poussé à m'en délivrer, *si je l'avais osé; – c'était* maintenant, dis-je, l'image d'une hideuse, – d'une sinistre chose, – l'image du GIBET! – oh! lugubre et terrible machine! machine d'Horreur et de Crime, – d'Agonie et de Mort!

Et, maintenant, j'étais en vérité misérable au delà de la misère possible de l'Humanité. Une bête brute – dont j'avais avec mépris détruit le frère – une *bête brute* engendrer pour moi, – pour moi, homme façonné à l'image du Dieu Très-Haut, – une si grande et si intolérable infortune! Hélas! je ne connaissais plus la béatitude du repos, ni le jour ni la nuit! Durant le jour, la créature ne me laissait pas un seul moment; et, pendant la nuit, à chaque instant, quand je sortais de mes rêves pleins d'une intraduisible angoisse, c'était pour sentir la tiède haleine de *la chose* sur mon visage, et son immense poids, – incarnation d'un cauchemar que j'étais impuissant à secouer, – éternellement posé sur mon *coeur*!

Sous la pression de pareils tourments, le peu de bon qui restait en moi succomba. De mauvaises pensées devinrent mes seules intimes, – les plus sombres et les plus mauvaises de toutes les pensées. La tristesse de mon humeur habituelle s'accrut jusqu'à la haine de toutes choses et de toute humanité; cependant, ma femme qui ne se plaignait jamais, hélas! était mon souffre-douleur ordinaire, la plus patiente victime des soudaines, fréquentes et indomptables éruptions d'une furie à laquelle je m'abandonnai dès lors aveuglément.

Un jour, elle m'accompagna pour quelque besogne domestique dans la cave du vieux bâtiment où notre pauvreté nous contraignait d'habiter. Le chat me suivit sur les marches roides de l'escalier, et, m'ayant presque culbuté la tête la première, m'exaspéra jusqu'à la folie. Levant une hache, et oubliant dans ma rage la peur puérile qui jusque-là avait retenu ma main, j'adressai à l'animal un coup qui eût été mortel, s'il avait porté comme je voulais; mais ce coup fut arrêté par la main de ma femme. Cette intervention m'aiguillonna jusqu'à une rage plus que démoniaque; je débarrassai mon bras de son étreinte et lui enfonçai ma hache dans le crâne. Elle tomba morte sur la place, sans pousser un gémissement.

Cet horrible meurtre accompli, je me mis immédiatement et très délibérément en mesure de cacher le corps. Je compris que je ne pouvais pas le faire disparaître de la maison, soit de jour, soit de nuit, sans courir le danger d'être observé par les voisins. Plusieurs projets traversèrent mon esprit. Un moment j'eus l'idée de couper le cadavre par petits morceaux, et de les détruire par le feu. Puis je résolus de creuser une fosse dans le sol de la cave. Puis je pensai à le jeter dans le puits de la cour, – puis à l'emballer dans une caisse comme marchandise, avec les formes usitées, et à charger un commissionnaire de le porter hors de la maison. Finalement, je m'arrêtai à un expédient que je considérai comme le meilleur de tous. Je me déterminai à le murer dans la cave, – comme les moines du moyen âge muraient, dit-on, leurs victimes.

La cave était fort bien disposée pour un pareil dessein. Les murs étaient construits négligemment, et avaient été récemment enduits dans toute leur étendue d'un gros plâtre que l'humidité de l'atmosphère avait empêché de durcir. De plus, dans l'un des murs, il y avait une saillie causée par une fausse cheminée, ou espèce d'âtre, qui avait été comblée et maçonnée dans le même genre que le reste de la cave. Je ne doutais pas qu'il ne me fût facile de déplacer les briques à cet endroit, d'y introduire le corps, et de murer le tout de la même manière, de sorte qu'aucun oeil n'y pût rien découvrir de suspect.

Et je ne fus pas déçu dans mon calcul. A l'aide d'une pince, je délogeai très aisément les briques, et, ayant soigneusement appliqué le corps contre le mur intérieur, je le soutins dans cette position jusqu'à ce que j'eusse rétabli, sans trop de peine, toute la maçonnerie dans son état primitif.

M'étant procuré du mortier, du sable et du poil avec toutes les précautions imaginables, je préparai un crépi qui ne pouvait pas être distingué de l'ancien, et j'en recouvris très soigneusement le nouveau briquetage. Quand j'eus fini, je vis avec satisfaction que tout était pour le mieux. Le mur ne présentait pas la plus légère trace de dérangement. J'enlevai tous les gravats avec le plus grand soin, j'épluchai pour ainsi dire le sol. Je regardai triomphalement autour de moi, et me dis à moi-même: Ici, au moins, ma peine n'aura pas été perdue!

Mon premier mouvement fut de chercher la bête qui avait été la cause d'un grand malheur; car à la fin, j'avais résolu fermement de la mettre à mort. Si j'avais pu la rencontrer dans ce moment, sa destinée était claire; mais il paraît que l'artificieux animal avait été alarmé par la violence de ma récente colère, et qu'il prenait soin de ne pas se montrer dans l'état actuel de mon humeur. Il est impossible de décrire ou d'imaginer la profonde, la béate sensation de soulagement que l'absence de la détestable créature détermina dans mon coeur. Elle ne se présenta pas de toute la nuit, – et ainsi ce fut la première bonne nuit, – depuis son introduction dans la maison, – que je dormis solidement et tranquillement; oui, je *dormis* avec le poids de ce meurtre sur l'âme!

Le second et le troisième jour s'écoulèrent, et cependant mon bourreau ne vint pas. Une fois encore je respirai comme un homme libre. Le monstre, dans sa terreur, avait vidé les lieux pour toujours! Je ne le verrais donc plus jamais! Mon bonheur était suprême! La criminalité de ma ténébreuse action ne m'inquiétait que fort peu. On avait bien fait une espèce d'enquête, mais elle s'était satisfaite à bon marché. Une perquisition avait même été ordonnée, – mais naturellement on ne pouvait rien découvrir. Je regardais ma félicité à venir comme assurée.

Le quatrième jour depuis l'assassinat, une troupe d'agents de police vint très inopinément à la maison, et procéda de nouveau à une rigoureuse investigation des lieux. Confiant, néanmoins, dans l'impénétrabilité de la cachette, je n'éprouvai aucun embarras. Les officiers me firent les accompagner dans leur recherche. Ils ne laissèrent pas un coin, pas un angle inexploré. A la fin, pour la troisième ou quatrième fois, ils descendirent dans la cave. Pas un muscle en moi ne tressaillit. Mon coeur battait paisiblement, comme celui d'un homme qui dort dans l'innocence. J'arpentais la cave d'un bout à l'autre; je croisais mes bras sur ma poitrine, et me promenais çà et là avec aisance. La police était pleinement satisfaite et se préparait à décamper. La jubilation de mon coeur était trop forte pour être réprimée. Je brûlais de dire au moins un mot, rien qu'un mot, en manière de triomphe, et de rendre deux fois plus convaincue leur conviction de mon innocence.

«Gentlemen, – dis-je à la fin, – comme leur troupe remontait l'escalier, – je suis enchanté d'avoir apaisé vos soupçons. Je vous souhaite à tous une bonne santé et un peu plus de courtoisie. Soit dit en passant, gentlemen, voilà – voilà une maison singulièrement bien bâtie (dans mon désir enragé de dire quelque chose d'un air délibéré, je savais à peine ce que je débitais); – je puis dire que c'est une maison *admirablement* bien construite. Les murs, – est-ce que vous partez, gentlemen? – ces murs sont solidement maçonnés.»

Et ici, par une bravade frénétique, je frappai fortement avec une canne que j'avais à la main juste sur la partie du briquetage derrière laquelle se tenait le cadavre de l'épouse de mon cœur.

Ah! qu'au moins Dieu me protège et me délivre des griffes de l'Archidémon! – A peine l'écho de mes coups était-il tombé dans le silence, qu'une voix me répondit du fond de la tombe! – une plainte, d'abord voilée et entrecoupée, comme le sanglotement d'un enfant, puis bientôt s'enflant en un cri prolongé, sonore et continu, tout à fait anormal et antihumain, – un hurlement, – un glapissement, moitié horreur et moitié triomphe, – comme il en peut monter seulement de l'Enfer, – affreuse harmonie jaillissant à la fois de la gorge des damnés dans leurs tortures, et des démons exultant dans la damnation.

Vous dire mes pensées, ce serait folie. Je me sentis défaillir, et je chancelai contre le mur opposé. Pendant un moment, les officiers placés sur les marches restèrent immobiles, stupéfiés par la terreur. Un instant après, une douzaine de bras robustes s'acharnaient sur le mur. Il tomba tout d'une pièce. Le corps, déjà grandement délabré et souillé de sang grumelé, se tenait droit devant les yeux des spectateurs. Sur sa tête, avec la gueule rouge dilatée et l'oeil unique flamboyant, était perchée la hideuse bête dont l'astuce m'avait induit à l'assassinat, et la voix révélatrice m'avait livré au bourreau. J'avais muré le monstre dans la tombe!

# 5

# *Un Cœur simple*

## Gustave Flaubert (1821-80)

### I

Pendant un demi-siècle, les bourgeoises de Pont-l'Évêque[57] envièrent à Mme Aubain sa servante Félicité.

Pour cent francs par an, elle faisait la cuisine et le ménage, cousait, lavait, repassait, savait brider un cheval, engraisser les volailles, battre le beurre, et resta fidèle à sa maîtresse, – qui cependant n'était pas une personne agréable.

Elle avait épousé un beau garçon sans fortune, mort au commencement de 1809, en lui laissant deux enfants très jeunes avec une quantité de dettes. Alors elle vendit ses immeubles, sauf la ferme de Toucques et la ferme de Geffosses, dont les rentes montaient à 5 000 francs tout au plus, et elle quitta sa maison de Saint-Melaine pour en habiter une autre moins dispendieuse, ayant appartenu à ses ancêtres et placée derrière les halles.

Cette maison, revêtue d'ardoises, se trouvait entre un passage et une ruelle aboutissant à la rivière. Elle avait intérieurement des différences de niveau qui faisaient trébucher. Un vestibule étroit séparait la cuisine de la *salle* où Mme Aubain se tenait tout le long du jour, assise près de la croisée dans un fauteuil de paille. Contre le lambris, peint en blanc, s'alignaient huit chaises d'acajou. Un vieux piano supportait, sous un baromètre, un tas pyramidal de boîtes et de cartons. Deux bergères de tapisserie flanquaient la cheminée en marbre jaune et de style Louis XV. La pendule, au milieu, représentait un temple de Vesta, – et tout l'appartement sentait un peu le moisi, car le plancher était plus bas que le jardin.

Au premier étage, il y avait d'abord la chambre de «Madame», très grande, tendue d'un papier à fleurs pâles, et contenant le portrait de «Monsieur» en costume de muscadin.[58] Elle communiquait avec une chambre plus petite, où l'on voyait deux couchettes d'enfants, sans matelas. Puis venait le salon, toujours fermé, et rempli de meubles recouverts d'un drap. Ensuite un corridor menait à un cabinet d'étude; des livres et des paperasses garnissaient les rayons d'une bibliothèque entourant de ses trois côtés un large bureau de bois noir. Les deux panneaux en retour disparaissaient sous des dessins à la plume, des paysages à la gouache et des gravures d'Audran,[59] souvenirs d'un temps meilleur et d'un luxe évanoui. Une lucarne au second étage éclairait la chambre de Félicité, ayant vue sur les prairies.

Elle se levait dès l'aube, pour ne pas manquer la messe, et travaillait jusqu'au soir sans interruption; puis, le dîner étant fini, la vaisselle en ordre et la porte bien close, elle enfouissait la bûche sous les cendres et s'endormait devant l'âtre, son rosaire à la main. Personne, dans les marchandages, ne montrait plus d'entêtement. Quant à la propreté, le poli de ses casseroles faisait le désespoir des autres servantes. Économe, elle mangeait avec lenteur, et recueillait du doigt sur la table les miettes de son pain, – un pain de douze livres, cuit exprès pour elle, et qui durait vingt jours.

En toute saison elle portait un mouchoir d'indienne fixé dans le dos par une épingle, un bonnet lui cachant les cheveux, des bas gris, un jupon rouge, et par-dessus sa camisole un tablier à bavette, comme les infirmières d'hôpital.

Son visage était maigre et sa voix aiguë. A vingt-cinq ans, on lui en donnait quarante. Dès la cinquantaine, elle ne marqua plus aucun âge; – et, toujours silencieuse, la taille droite et les gestes mesurés, semblait une femme en bois, fonctionnant d'une manière automatique.

## II

Elle avait eu, comme une autre, son histoire d'amour.

Son père, un maçon, s'était tué en tombant d'un échafaudage. Puis sa mère mourut, ses soeurs se dispersèrent, un fermier la recueillit, et l'employa toute petite à garder les vaches dans la campagne. Elle grelottait sous des haillons, buvait à plat ventre l'eau des mares, à propos de rien était battue, et finalement fut chassée pour un vol de trente sols, qu'elle n'avait pas commis. Elle entra dans une autre ferme, y devint fille de basse-cour, et, comme elle plaisait aux patrons, ses camarades la jalousaient.

Un soir du mois d'août (elle avait alors dix-huit ans), ils l'entraînèrent à l'assemblée[60] de Colleville. Tout de suite elle fut étourdie, stupéfaite par le tapage des ménétriers, les lumières dans les arbres, la bigarrure des costumes, les dentelles, les croix d'or, cette masse de monde sautant à la fois. Elle se tenait à l'écart modestement, quand un jeune homme d'apparence cossue, et qui fumait sa pipe les deux coudes sur le timon d'un banneau, vint l'inviter à la danse. Il lui paya du cidre, du café, de la galette, un foulard, et, s'imaginant qu'elle le devinait, offrit de la reconduire. Au bord d'un champ d'avoine, il la renversa brutalement. Elle eut peur et se mit à crier. Il s'éloigna.

Un autre soir, sur la route de Beaumont, elle voulut dépasser un grand chariot de foin qui avançait lentement, et en frôlant les roues elle reconnut Théodore.

Il l'aborda d'un air tranquille, disant qu'il fallait tout pardonner, puisque c'était «la faute de la boisson».

Elle ne sut que répondre et avait envie de s'enfuir.

Aussitôt il parla des récoltes et des notables de la commune, car son père avait abandonné Colleville pour la ferme des Écots, de sorte que maintenant ils se trouvaient voisins. – «Ah!» dit-elle. Il ajouta qu'on désirait l'établir. Du reste, il n'était pas pressé, et attendait une femme à son goût. Elle baissa la tête. Alors il lui demanda si elle pensait au mariage. Elle reprit, en souriant, que c'était mal de se moquer. – «Mais mon, je vous jure!» et du bras gauche il lui entoura la taille; elle marchait soutenue par son étreinte; ils se ralentirent. Le vent était mou, les étoiles brillaient, l'énorme charretée de foin oscillait devant eux; et les quatre chevaux, en traînant leurs pas, soulevaient de la poussière. Puis, sans commandement, ils tournèrent à droite. Il l'embrassa encore une fois. Elle disparut dans l'ombre.

Théodore, la semaine suivante, en obtint des rendez-vous.

Ils se rencontraient au fond des cours, derrière un mur, sous un arbre isolé. Elle n'était pas innocente à la manière des demoiselles, – les animaux l'avaient instruite; – mais la raison et l'instinct de l'honneur l'empêchèrent de faillir. Cette résistance exaspéra l'amour de Théodore, si bien que pour le satisfaire (ou naïvement peut-être) il proposa de l'épouser. Elle hésitait à le croire. Il fit de grands serments.

Bientôt il avoua quelque chose de fâcheux: ses parents, l'année dernière, lui avaient acheté un homme; mais d'un jour à l'autre on pourrait le reprendre; l'idée de servir l'effrayait.[61] Cette couardise fut pour Félicité une preuve de tendresse; la sienne en redoubla. Elle s'échappait la nuit, et parvenue au rendez-vous, Théodore la torturait avec ses inquiétudes et ses instances.

Enfin, il annonça qu'il irait lui-même à la Préfecture prendre des informations, et les apporterait dimanche prochain, entre onze heures et minuit.

Le moment arrivé, elle courut vers l'amoureux.

A sa place, elle trouva un de ses amis.

Il lui apprit qu'elle ne devait plus le revoir. Pour se garantir de la conscription, Théodore avait épousé une vieille femme très riche, Mme Lehoussais, de Toucques.

Ce fut un chagrin désordonné. Elle se jeta par terre, poussa des cris, appela le bon Dieu, et gémit toute seule dans la campagne jusqu'au soleil levant. Puis elle revint à la ferme, déclara son intention d'en partir; et, au bout du mois, ayant reçu ses comptes, elle enferma tout son petit bagage dans un mouchoir, et se rendit à Pont-l'Évêque.

Devant l'auberge, elle questionna une bourgeoise en capeline de veuve, et qui précisément cherchait une cuisinière. La jeune fille ne savait pas grand'chose, mais paraissait avoir tant de bonne volonté et si peu d'exigences, que Mme Aubain finit par dire:

« – Soit, je vous accepte! »

Félicité, un quart d'heure après, était installée chez elle.

D'abord elle y vécut dans une sorte de tremblement que lui causaient «le genre de la maison» et le souvenir de «Monsieur», planant sur tout! Paul et Virginie,[62] l'un âgé de sept ans, l'autre de quatre à peine, lui semblaient formés d'une matière précieuse; elle les portait sur son dos comme un cheval, et Mme Aubain lui défendit de les baiser à chaque minute, ce qui la mortifia. Cependant elle se trouvait heureuse. La douceur du milieu avait fondu sa tristesse.

Tous les jeudis, des habitués venaient faire une partie de boston. Félicité préparait d'avance les cartes et les chaufferettes. Ils arrivaient à huit heures bien juste, et se retiraient avant le coup de onze.

Chaque lundi matin, le brocanteur qui logeait sous l'allée étalait par terre ses ferrailles. Puis la ville se remplissait d'un bourdonnement de voix, où se mêlaient des hennissements de chevaux, des bêlements d'agneaux, des grognements de cochons, avec le bruit sec des carrioles dans la rue. Vers midi, au plus fort du marché, on voyait paraître sur le seuil un vieux paysan de haute taille, la casquette en arrière, le nez crochu, et qui était Robelin, le fermier de Geffosses. Peu de temps après, – c'était Liébard, le fermier de Toucques, petit, rouge, obèse, portant une veste grise et des houseaux armés d'éperons.

Tous deux offraient à leur propriétaire des poules ou des fromages. Félicité invariablement déjouait leurs astuces; et ils s'en allaient pleins de considération pour elle.

A des époques indéterminées, Mme Aubain recevait la visite du marquis de Gremanville, un de ses oncles, ruiné par la crapule et qui vivait à Falaise sur le dernier lopin de ses terres. Il se présentait toujours à l'heure du déjeuner, avec un affreux caniche dont les pattes salissaient tous les meubles. Malgré ses efforts pour paraître gentilhomme jusqu'à soulever son chapeau chaque fois qu'il disait: «Feu mon père,» l'habitude l'entraînant, il se versait à boire coup sur coup, et lâchait des gaillardises. Félicité le poussait dehors poliment: «Vous en avez assez, monsieur de Gremanville! A une autre fois!» Et elle refermait la porte.

Elle l'ouvrait avec plaisir devant M. Bourais, ancien avoué. Sa cravate blanche et sa calvitie, le jabot de sa chemise, son ample redingote brune, sa façon de priser en arrondissant le bras, tout son individu lui produisait ce trouble où nous jette le spectacle des hommes extraordinaires.

Comme il gérait les propriétés de «Madame», il s'enfermait avec elle pendant des heures dans le cabinet de «Monsieur», et craignait toujours de se compromettre, respectait infiniment la magistrature, avait des prétentions au latin.

Pour instruire les enfants d'une manière agréable, il leur fit cadeau d'une géographie en estampes. Elles représentaient différentes scènes du monde, des anthropophages coiffés de plumes, un singe enlevant une demoiselle, des Bédouins dans le désert, une baleine qu'on harponnait, etc.

Paul donna l'explication de ces gravures à Félicité. Ce fut même toute son éducation littéraire.

Celle des enfants était faite par Guyot, un pauvre diable employé à la Mairie, fameux pour sa belle main, et qui repassait son canif sur sa botte.

Quand le temps était clair, on s'en allait de bonne heure à la ferme de Geffosses.

La cour est en pente, la maison dans le milieu; et la mer, au loin, apparaît comme une tache grise.

Félicité retirait de son cabas des tranches de viande froide, et on déjeunait dans un appartement faisant suite à la laiterie. Il était le seul reste d'une habitation de plaisance, maintenant disparue. Le papier de la muraille en lambeaux tremblait aux courants d'air. Mme Aubain penchait son front, accablée de souvenirs; les enfants n'osaient plus parler. «Mais jouez donc!» disait-elle; ils décampaient.

Paul montait dans la grange, attrapait des oiseaux, faisait des ricochets sur la mare, ou tapait avec un bâton les grosses futailles qui résonnaient comme des tambours.

Virginie donnait à manger aux lapins, se précipitait pour cueillir des bluets, et la rapidité de ses jambes découvrait ses petits pantalons brodés.

Un soir d'automne, on s'en retourna par les herbages.

La lune à son premier quartier éclairait une partie du ciel, et un brouillard flottait comme une écharpe sur les sinuosités de la Toucques. Des boeufs, étendus au milieu du gazon, regardaient tranquillement ces quatre personnes passer. Dans la troisième pâture quelques-uns se levèrent, puis se mirent en rond devant elles. – «Ne craignez rien!» dit Félicité; et, murmurant une sorte de complainte, elle flatta sur l'échine celui qui se trouvait le plus près; il fit volte-face, les autres l'imitèrent. Mais, quand l'herbage suivant fut traversé, un beuglement formidable s'éleva. C'était un taureau, que cachait le brouillard. Il avança vers les deux femmes. Mme Aubain allait courir. – «Non! non! moins vite!» Elles pressaient le pas cependant, et entendaient par derrière un souffle sonore qui se rapprochait. Ses sabots, comme des marteaux, battaient l'herbe de la prairie; voilà qu'il galopait maintenant! Félicité se retourna, et elle arrachait à deux mains des plaques de terre qu'elle lui jetait dans les yeux. Il baissait le mufle, secouait les cornes et tremblait de fureur en beuglant horriblement. Mme Aubain, au bout de l'herbage avec ses deux petits, cherchait éperdue comment franchir le haut bord. Félicité reculait toujours devant le taureau, et continuellement lançait des mottes de gazon qui l'aveuglaient, tandis qu'elle criait: – « Dépêchez-vous! dépêchez-vous!»

Mme Aubain descendit le fossé, poussa Virginie, Paul ensuite, tomba plusieurs fois en tâchant de gravir le talus, et à force de courage y parvint.

Le taureau avait acculé Félicité contre une claire-voie; sa bave lui rejaillissait à la figure, une seconde de plus il l'éventrait. Elle eut le temps de se couler entre deux barreaux, et la grosse bête, toute surprise, s'arrêta.

Cet événement, pendant bien des années, fut un sujet de conversation à Pont-l'Évêque. Félicité n'en tira aucun orgueil, ne se doutant même pas qu'elle eût rien fait d'héroïque.

Virginie l'occupait exclusivement; – car elle eut, à la suite de son effroi, une affection nerveuse, et M. Poupart, le docteur, conseilla les bains de mer de Trouville.

Dans ce temps-là, ils n'étaient pas fréquentés. Mme Aubain prit des renseignements, consulta Bourais, fit des préparatifs comme pour un long voyage.

Ses colis partirent la veille, dans la charrette de Liébard. Le lendemain, il amena deux chevaux dont l'un avait une selle de femme, munie d'un dossier de velours; et sur la croupe du second un manteau roulé formait une manière de siège. Mme Aubain y monta, derrière lui. Félicité se chargea de Virginie, et Paul enfourcha l'âne de M. Lechaptois, prêté sous la condition d'en avoir grand soin.

La route était si mauvaise que ses huit kilomètres exigèrent deux heures. Les chevaux enfonçaient jusqu'aux paturons dans la boue, et faisaient pour en sortir de brusques mouvements des hanches; ou bien ils buttaient contre les ornières; d'autres fois, il leur fallait sauter. La jument de Liébard, à de certains endroits, s'arrêtait tout à coup. Il attendait patiemment qu'elle se remît en marche; et il parlait des personnes dont les propriétés bordaient la route, ajoutant à leur histoire des réflexions morales. Ainsi, au milieu de Toucques, comme on passait sous des fenêtres entourées de capucines, il dit, avec un haussement d'épaules: – «En voilà une Mme Lehoussais, qui au lieu de prendre un jeune homme…» Félicité n'entendit pas le reste; les chevaux trottaient, l'âne galopait; tous enfilèrent un sentier, une barrière tourna, deux garçons parurent, et l'on descendit devant le purin, sur le seuil même de la porte.

La mère Liébard, en apercevant sa maîtresse, prodigua les démonstrations de joie. Elle lui servit un déjeuner où il y avait un aloyau, des tripes, du boudin, une fricassée de poulet, du cidre mousseux, une tarte aux compotes et des prunes à l'eau-de-vie, accompagnant le tout de politesses à Madame qui paraissait en meilleure santé, à Mademoiselle devenue «magnifique», à M. Paul singulièrement «forci», sans oublier leurs grands-parents défunts que les Liébard avaient connus, étant au service de la famille depuis plusieurs générations. La ferme avait, comme eux, un caractère d'ancienneté. Les poutrelles du plafond étaient vermoulues, les murailles noires de fumée, les carreaux gris de poussière. Un dressoir en chêne supportait toutes sortes d'ustensiles, des brocs, des assiettes, des écuelles d'étain, des pièges à loup, des forces pour les moutons; une seringue énorme fit rire les enfants. Pas un arbre des trois cours qui n'eût des champignons à sa base, ou dans ses rameaux une touffe de gui. Le vent en avait jeté bas plusieurs. Ils avaient repris par le milieu; et tous fléchissaient sous la quantité de leurs pommes. Les toits de paille, pareils à du velours brun et inégaux d'épaisseur, résistaient aux plus fortes bourrasques. Cependant la charreterie tombait en ruines. Mme Aubain dit qu'elle aviserait, et commanda de reharnacher les bêtes.

On fut encore une demi-heure avant d'atteindre Trouville. La petite caravane mit pied à terre pour passer les *Écores*; c'était une falaise surplombant des bateaux; et trois minutes plus tard, au bout du quai, on entra dans la cour de *l'Agneau d'or*, chez la mère David.

Virginie, dès les premiers jours, se sentit moins faible, résultat du changement d'air et de l'action des bains. Elle les prenait en chemise, à défaut d'un costume; et sa bonne la rhabillait dans une cabane de douanier qui servait aux baigneurs.

L'après-midi, on s'en allait avec l'âne au delà des Roches-Noires, du côté d'Hennequeville. Le sentier, d'abord, montait entre des terrains vallonnés comme la pelouse d'un parc, puis arrivait sur un plateau où alternaient des pâturages et des champs en labour. A la lisière du chemin, dans le fouillis des ronces, des houx se dressaient; çà et là, un grand arbre mort faisait sur l'air bleu des zigzags avec ses branches.

Presque toujours on se reposait dans un pré, ayant Deauville à gauche, le Havre à droite et en face la pleine mer. Elle était brillante de soleil, lisse comme un miroir, tellement douce qu'on entendait à peine son murmure; des moineaux cachés pépiaient, et la voûte immense du ciel recouvrait tout cela. Mme Aubain, assise, travaillait à son ouvrage de couture; Virginie près d'elle tressait des joncs; Félicité sarclait des fleurs de lavande; Paul, qui s'ennuyait, voulait partir.

D'autres fois, ayant passé la Toucques en bateau, ils cherchaient des coquilles. La marée basse laissait à découvert des oursins, des godefiches,[63] des méduses; et les enfants couraient, pour saisir des flocons d'écume que le vent emportait. Les flots endormis, en tombant sur le sable, se déroulaient le long de la grève; elle s'étendait à perte de vue, mais du côté de la terre avait pour limite les dunes la séparant du *Marais*, large prairie en forme d'hippodrome. Quand ils revenaient par là, Trouville, au fond sur la pente du coteau, à chaque pas grandissait, et avec toutes ses maisons inégales semblait s'épanouir dans un désordre gai.

Les jours qu'il faisait trop chaud, ils ne sortaient pas de leur chambre. L'éblouissante clarté du dehors plaquait des barres de lumière entre les lames des jalousies. Aucun bruit dans le village. En bas, sur le trottoir, personne. Ce silence épandu augmentait la tranquillité des choses. Au loin, les marteaux des calfats tamponnaient des carènes, et une brise lourde apportait la senteur du goudron.

Le principal divertissement était le retour des barques. Dès qu'elles avaient dépassé les balises, elles commençaient à louvoyer. Leurs voiles descendaient aux deux tiers des mâts; et, la misaine gonflée comme un ballon, elles avançaient, glissaient dans le clapotement des vagues, jusqu'au milieu du port, où l'ancre tout à coup tombait. Ensuite le bateau se plaçait contre le quai. Les matelots jetaient par-dessus le bordage des poissons palpitants; une file de charrettes les attendait, et des femmes en bonnet de coton s'élançaient pour prendre les corbeilles et embrasser leurs hommes.

Une d'elles, un jour, aborda Félicité, qui peu de temps après entra dans la chambre, toute joyeuse. Elle avait retrouvé une soeur; et Nastasie Barette, femme Leroux, apparut, tenant un nourrisson à sa poitrine, de la main droite un autre enfant, et à sa gauche un petit mousse les poings sur les hanches et le béret sur l'oreille.

Au bout d'un quart d'heure, Mme Aubain la congédia.

On les rencontrait toujours aux abords de la cuisine, ou dans les promenades que l'on faisait. Le mari ne se montrait pas.

Félicité se prit d'affection pour eux. Elle leur acheta une couverture, des chemises, un fourneau; évidemment ils l'exploitaient. Cette faiblesse agaçait Mme Aubain, qui d'ailleurs n'aimait pas les familiarités du neveu, –

car il tutoyait son fils; – et, comme Virginie toussait et que la saison n'était plus bonne, elle revint à Pont-l'Évêque.

M. Bourais l'éclaira sur le choix d'un collège. Celui de Caen passait pour le meilleur. Paul y fut envoyé; et fit bravement ses adieux, satisfait d'aller vivre dans une maison où il aurait des camarades.

Mme Aubain se résigna à l'éloignement de son fils, parce qu'il était indispensable. Virginie y songea de moins en moins. Félicité regrettait son tapage. Mais une occupation vint la distraire; à partir de Noël, elle mena tous les jours la petite fille au catéchisme.

## III

Quand elle avait fait à la porte une génuflexion, elle s'avançait sous la haute nef entre la double ligne des chaises, ouvrait le banc de Mme Aubain, s'asseyait, et promenait ses yeux autour d'elle.

Les garçons à droite, les filles à gauche, emplissaient les stalles du choeur; le curé se tenait debout près du lutrin; sur un vitrail de l'abside, le Saint-Esprit dominait la Vierge; un autre la montrait à genoux devant l'Enfant-Jésus, et, derrière le tabernacle, un groupe en bois représentait Saint-Michel terrassant le dragon.

Le prêtre fit d'abord un abrégé de l'Histoire Sainte. Elle croyait voir le paradis, le déluge, la tour de Babel, des villes tout en flammes, des peuples qui mouraient, des idoles renversées; et elle garda de cet éblouissement le respect du Très-Haut et la crainte de sa colère. Puis, elle pleura en écoutant la Passion. Pourquoi l'avaient-ils crucifié, lui qui chérissait les enfants, nourrissait les foules, guérissait les aveugles, et avait voulu, par douceur, naître au milieu des pauvres, sur le fumier d'une étable? Les semailles, les moissons, les pressoirs, toutes ces choses familières dont parle l'Évangile, se trouvaient dans sa vie; le passage de Dieu les avait sanctifiées; et elle aima plus tendrement les agneaux par amour de l'Agneau, les colombes à cause du Saint-Esprit.

Elle avait peine à imaginer sa personne; car il n'était pas seulement oiseau, mais encore un feu, et d'autres fois un souffle. C'est peut-être sa lumière qui voltige la nuit aux bords des marécages, son haleine qui pousse les nuées, sa voix qui rend les cloches harmonieuses; et elle demeurait dans une adoration, jouissant de la fraîcheur des murs et de la tranquillité de l'église.

Quant aux dogmes, elle n'y comprenait rien, ne tâcha même pas de comprendre. Le curé discourait, les enfants récitaient, elle finissait par s'endormir; et se réveillait tout à coup, quand ils faisaient en s'en allant claquer leurs sabots sur les dalles.

Ce fut de cette manière, à force de l'entendre, qu'elle apprit le catéchisme, son éducation religieuse ayant été négligée dans sa jeunesse; et dès lors elle imita toutes les pratiques de Virginie, jeûnait comme elle, se confessait avec elle. A la Fête-Dieu, elles firent ensemble un reposoir.[64]

La première communion la tourmentait d'avance. Elle s'agita pour les souliers, pour le chapelet, pour le livre, pour les gants. Avec quel tremblement elle aida sa mère à l'habiller!

Pendant toute la messe, elle éprouva une angoisse. M. Bourais lui cachait un côté du chœur; mais juste en face, le troupeau des vierges portant des couronnes blanches pardessus leurs voiles abaissés formait comme un champ de neige; et elle reconnaissait de loin la chère petite à son cou plus mignon et son attitude recueillie. La cloche tinta. Les têtes se courbèrent; il y eut un silence. Aux éclats de l'orgue, les chantres et la foule entonnèrent l'*Agnus Dei*; puis le défilé des garçons commença; et, après eux, les filles se levèrent. Pas à pas, et les mains jointes, elles allaient vers l'autel tout illuminé, s'agenouillaient sur la première marche, recevaient l'hostie successivement, et dans le même ordre revenaient à leurs prie-Dieu. Quand ce fut le tour de Virginie, Félicité se pencha pour la voir; et, avec l'imagination que donnent les vraies tendresses, il lui sembla qu'elle était elle-même cette enfant; sa figure devenait la sienne, sa robe l'habillait, son cœur lui battait dans la poitrine; au moment d'ouvrir la bouche, en fermant les paupières, elle manqua s'évanouir.

Le lendemain, de bonne heure, elle se présenta dans la sacristie, pour que M. le curé lui donnât la communion. Elle la reçut dévotement, mais n'y goûta pas les mêmes délices.

Mme Aubain voulait faire de sa fille une personne accomplie; et, comme Guyot ne pouvait lui montrer ni l'anglais ni la musique, elle résolut de la mettre en pension chez les Ursulines d'Honfleur.

L'enfant n'objecta rien. Félicité soupirait, trouvant Madame insensible. Puis elle songea que sa maîtresse, peut-être, avait raison. Ces choses dépassaient sa compétence.

Enfin, un jour, une vieille tapissière s'arrêta devant la porte; et il en descendit une religieuse qui venait chercher Mademoiselle. Félicité monta les bagages sur l'impériale, fit des recommandations au cocher, et plaça dans le coffre six pots de confitures et une douzaine de poires, avec un bouquet de violettes.

Virginie, au dernier moment, fut prise d'un grand sanglot; elle embrassait sa mère qui la baisait au front en répétant: – «Allons! du courage! du courage!» Le marche-pied se releva, la voiture partit.

Alors Mme Aubain eut une défaillance; et le soir tous ses amis, le ménage Lormeau, Mme Lechaptois, ces demoiselles Rochefeuille, M. de

Houppeville et Bourais se présentèrent pour la consoler.

La privation de sa fille lui fut d'abord très douloureuse. Mais trois fois la semaine elle en recevait une lettre, les autres jours lui écrivait, se promenait dans son jardin, lisait un peu, et de cette façon comblait le vide des heures.

Le matin, par habitude, Félicité entrait dans la chambre de Virginie, et regardait les murailles. Elle s'ennuyait de n'avoir plus à peigner ses cheveux, à lui lacer ses bottines, à la border dans son lit, – et de ne plus voir continuellement sa gentille figure, de ne plus la tenir par la main quand elles sortaient ensemble. Dans son désœuvrement, elle essaya de faire de la dentelle. Ses doigts trop lourds cassaient les fils; elle n'entendait à rien, avait perdu le sommeil, suivant son mot, était «minée».

Pour «se dissiper», elle demanda la permission de recevoir son neveu Victor.

Il arrivait le dimanche après la messe, les joues roses, la poitrine nue, et sentant l'odeur de la campagne qu'il avait traversée. Tout de suite, elle dressait son couvert. Ils déjeunaient l'un en face de l'autre; et, mangeant elle-même le moins possible pour épargner la dépense, elle le bourrait tellement de nourriture qu'il finissait par s'endormir. Au premier coup des vêpres, elle le réveillait, brossait son pantalon, nouait sa cravate, et se rendait à l'église, appuyée sur son bras dans un orgueil maternel.

Ses parents le chargeaient toujours d'en tirer quelque chose, soit un paquet de cassonade, du savon, de l'eau-de-vie, parfois même de l'argent. Il apportait ses nippes à raccommoder; et elle acceptait cette besogne, heureuse d'une occasion qui le forçait à revenir.

Au mois d'août, son père l'emmena au cabotage.

C'était l'époque des vacances. L'arrivée des enfants la consola. Mais Paul devenait capricieux, et Virginie n'avait plus l'âge d'être tutoyée, ce qui mettait une gêne, une barrière entre elles.

Victor alla successivement à Morlaix, à Dunkerque et à Brighton; au retour de chaque voyage, il lui offrait un cadeau. La première fois, ce fut une boîte en coquilles; la seconde, une tasse à café; la troisième, un grand bonhomme en pain d'épices. Il embellissait, avait la taille bien prise, un peu de moustache, de bons yeux francs, et un petit chapeau de cuir, placé en arrière comme un pilote. Il l'amusait en lui racontant des histoires mêlées de termes marins.

Un lundi, 14 juillet 1819 (elle n'oublia pas la date), Victor annonça qu'il était engagé au long cours, et, dans la nuit du surlendemain, par le paquebot de Honfleur, irait rejoindre sa goélette, qui devait démarrer du Havre prochainement. Il serait, peut-être, deux ans parti.

La perspective d'une telle absence désola Félicité; et pour lui dire encore adieu, le mercredi soir, après le dîner de Madame, elle chaussa des galoches, et avala les quatre lieues qui séparent Pont-l'Évêque de Honfleur.

Quand elle fut devant le Calvaire, au lieu de prendre à gauche, elle prit à droite, se perdit dans des chantiers, revint sur ses pas; des gens qu'elle accosta l'engagèrent à se hâter. Elle fit le tour du bassin rempli de navires, se heurtait contre des amarres; puis le terrain s'abaissa, des lumières s'entrecroisèrent, et elle se crut folle, en apercevant des chevaux dans le ciel.

Au bord du quai, d'autres hennissaient, effrayés par la mer. Un palan qui les enlevait les descendait dans un bateau, où des voyageurs se bousculaient entre les barriques de cidre, les paniers de fromage, les sacs de grain; on entendait chanter des poules, le capitaine jurait; et un mousse restait accoudé sur le bossoir, indifférent à tout cela. Félicité, qui ne l'avait pas reconnu, criait: «Victor!» il leva la tête; elle s'élançait, quand on retira l'échelle tout à coup.

Le paquebot, que des femmes halaient en chantant, sortit du port. Sa membrure craquait, les vagues pesantes fouettaient sa proue. La voile avait tourné, on ne vit plus personne; – et, sur la mer argentée par la lune, il faisait une tache noire qui pâlissait toujours, s'enfonça, disparut.

Félicité, en passant près du Calvaire, voulut recommander à Dieu ce qu'elle chérissait le plus; et elle pria pendant longtemps, debout, la face baignée de pleurs, les yeux vers les nuages. La ville dormait, des douaniers se promenaient; et de l'eau tombait sans discontinuer par les trous de l'écluse, avec un bruit de torrent. Deux heures sonnèrent.

Le parloir n'ouvrirait pas avant le jour. Un retard, bien sûr, contrarierait Madame; et, malgré son désir d'embrasser l'autre enfant, elle s'en retourna. Les filles de l'auberge s'éveillaient, comme elle entrait dans Pont–l'Évêque.

Le pauvre gamin durant des mois allait donc rouler sur les flots! Ses précédents voyages ne l'avaient pas effrayée. De l'Angleterre et de la Bretagne, on revenait; mais l'Amérique, les Colonies, les Iles,[65] cela était perdu dans une région incertaine, à l'autre bout du monde.

Dès lors, Félicité pensa exlusivement à son neveu. Les jours de soleil, elle se tourmentait de la soif; quand il faisait de l'orage, craignait pour lui la foudre. En écoutant le vent qui grondait dans la cheminée et emportait les ardoises, elle le voyait battu par cette même tempête, au sommet d'un mât fracassé, tout le corps en arrière, sous une nappe d'écume; ou bien, – souvenir de la géographie en estampes, – il était mangé par les sauvages, pris dans un bois par des singes, se mourait le long d'une plage déserte. Et jamais elle ne parlait de ses inquiétudes.

Mme Aubain en avait d'autres sur sa fille.

Les bonnes soeurs trouvaient qu'elle était affectueuse, mais délicate. La moindre émotion l'énervait. Il fallut abandonner le piano.

Sa mère exigeait du couvent une correspondance réglée. Un matin que le facteur n'était pas venu, elle s'impatienta; et elle marchait dans la salle, de son fauteuil à la fenêtre. C'était vraiment extraordinaire! depuis quatre jours, pas de nouvelles!

Pour qu'elle se consolât par son exemple, Félicité lui dit:

– «Moi, madame, voilà six mois que je n'en ai reçu!...»

– «De qui donc?...»

La servante répliqua doucement:

– «Mais...de mon neveu!»

– «Ah! votre neveu!» Et, haussant les épaules, Mme Aubain reprit sa promenade, ce qui voulait dire: «Je n'y pensais pas!... Au surplus, je m'en moque! un mousse, un gueux, belle affaire!...tandis que ma fille.... Songez donc!...»

Félicité, bien que nourrie dans la rudesse, fut indignée contre Madame, puis oublia.

Il lui paraissait tout simple de perdre la tête à l'occasion de la petite.

Les deux enfants avaient une importance égale; un lien de son cœur les unissait, et leurs destinées devaient être la même.

Le pharmacien lui apprit que le bateau de Victor était arrivé à la Havane. Il avait lu ce renseignement dans une gazette.

A cause des cigares, elle imaginait la Havane un pays où l'on ne fait pas autre chose que de fumer, et Victor circulait parmi des nègres dans un nuage de tabac. Pouvait-on «en cas de besoin» s'en retourner par terre? A quelle distance était-ce de Pont-l'Évêque? Pour le savoir, elle interrogea M. Bourais.

Il atteignit son atlas, puis commença des explications sur les longitudes; et il avait un beau sourire de cuistre devant l'ahurissement de Félicité. Enfin, avec son porte-crayon, il indiqua dans les découpures d'une tache ovale un point noir, imperceptible, en ajoutant: «Voici.» Elle se pencha sur la carte; ce réseau de lignes coloriées fatiguait sa vue, sans lui rien apprendre; et Bourais, l'invitant à dire ce qui l'embarrassait, elle le pria de lui montrer la maison où demeurait Victor. Bourais leva les bras, il éternua, rit énormément; une candeur pareille excitait sa joie; et Félicité n'en comprenait pas le motif, – elle qui s'attendait peut-être à voir jusqu'au portrait de son neveu, tant son intelligence était bornée!

Ce fut quinze jours après que Liébard, à l'heure du marché comme d'habitude, entra dans la cuisine, et lui remit une lettre qu'envoyait son beau-frère. Ne sachant lire aucun des deux, elle eut recours à sa maîtresse.

Mme Aubain, qui comptait les mailles d'un tricot, le posa près d'elle, décacheta la lettre, tressaillit, et, d'une voix basse, avec un regard profond:

– «C'est un malheur...qu'on vous annonce. Votre neveu...»

Il était mort. On n'en disait pas davantage.

Félicité tomba sur une chaise, en s'appuyant la tête à la cloison, et ferma ses paupières, qui devinrent roses tout à coup. Puis, le front baissé, les mains pendantes, l'œil fixe, elle répétait par intervalles:

– «Pauvre petit gars! pauvre petit gars!»

Liébard la considérait en exhalant des soupirs. Mme Aubain tremblait un peu.

Elle lui proposa d'aller voir sa sœur, à Trouville.

Félicité répondit, par un geste, qu'elle n'en avait pas besoin.

Il y eut un silence. Le bonhomme Liébard jugea convenable de se retirer.

Alors elle dit:

– «Ça ne leur fait rien, à eux!»

Sa tête retomba; et machinalement elle soulevait, de temps à autre, les longues aiguilles sur la table à ouvrage.

Des femmes passèrent dans la cour avec un bard d'où dégouttelait du linge.

En les apercevant par les carreaux, elle se rappela sa lessive; l'ayant coulée la veille, il fallait aujourd'hui la rincer; et elle sortit de l'appartement.

Sa planche et son tonneau étaient au bord de la Toucques. Elle jeta sur la berge un tas de chemises, retroussa ses manches, prit son battoir; et les coups forts qu'elle donnait s'entendaient dans les autres jardins à côté. Les prairies étaient vides, le vent agitait la rivière; au fond, de grandes herbes s'y penchaient, comme des chevelures de cadavres flottant dans l'eau. Elle retenait sa douleur, jusqu'au soir fut très brave; mais, dans sa chambre, elle s'y abandonna, à plat ventre sur son matelas, le visage dans l'oreiller, et les deux poings contre les tempes.

Beaucoup plus tard, par le capitaine de Victor lui-même, elle connut les circonstances de sa fin. On l'avait trop saigné à l'hôpital, pour la fièvre jaune. Quatre médecins le tenaient à la fois. Il était mort immédiatement, et le chef avait dit:

– «Bon! encore un!»

Ses parents l'avaient toujours traité avec barbarie. Elle aima mieux ne pas les revoir; et ils ne firent aucune avance, par oubli, ou endurcissement de misérables.

Virginie s'affaiblissait.

Des oppressions, de la toux, une fièvre continuelle et des marbrures aux pommettes décelaient quelque affection profonde. M. Poupart avait conseillé un séjour en Provence. Mme Aubain s'y décida, et eût tout de suite repris sa fille à la maison, sans le climat de Pont-l'Évêque.

Elle fit un arrangement avec un loueur de voitures, qui la menait au couvent chaque mardi. Il y a dans le jardin une terrasse d'où l'on découvre la Seine. Virginie s'y promenait à son bras, sur les feuilles de pampre tombées. Quelquefois le soleil traversant les nuages la forçait à cligner ses paupières, pendant qu'elle regardait les voiles au loin et tout l'horizon, depuis le château de Tancarville jusqu'aux phares du Havre. Ensuite on se reposait sous la tonnelle. Sa mère s'était procuré un petit fût d'excellent vin de Malaga; et, riant à l'idée d'être grise, elle en buvait deux doigts, pas davantage.

Ses forces reparurent. L'automne s'écoula doucement. Félicité rassurait Mme Aubain. Mais, un soir qu'elle avait été aux environs faire une course, elle rencontra devant la porte le cabriolet de M. Poupart; et il était dans le vestibule. Mme Aubain nouait son chapeau.

– «Donnez-moi ma chaufferette, ma bourse, mes gants; plus vite donc!»

Virginie avait une fluxion de poitrine; c'était peut-être désespéré.

– «Pas encore!» dit le médecin; et tous deux montèrent dans la voiture, sous des flocons de neige qui tourbillonnaient. La nuit allait venir. Il faisait très froid.

Félicité se précipita dans l'église, pour allumer un cierge. Puis elle courut après le cabriolet, qu'elle rejoignit une heure plus tard, sauta légèrement par derrière, où elle se tenait aux torsades, quand une réflexion lui vint: «La cour n'était pas fermée! si des voleurs s'introduisaient?» Et elle descendit.

Le lendemain, dès l'aube, elle se présenta chez le docteur. Il était rentré, et reparti à la campagne. Puis elle resta dans l'auberge, croyant que des inconnus apporteraient une lettre. Enfin, au petit jour, elle prit la diligence de Lisieux.

Le couvent se trouvait au fond d'une ruelle escarpée. Vers le milieu, elle entendit des sons étranges, un glas de mort. «C'est pour d'autres», pensa-t-elle; et Félicité tira violemment le marteau.

Au bout de plusieurs minutes, des savates se traînèrent, la porte s'entrebâilla, et une religieuse parut.

La bonne sœur avec un air de componction dit qu'«elle venait de passer». En même temps, le glas de Saint-Léonard redoublait.

Félicité parvint au second étage.

Dès le seuil de la chambre, elle aperçut Virginie étalée sur le dos, les mains jointes, la bouche ouverte, et la tête en arrière sous une croix noire s'inclinant vers elle, entre les rideaux immobiles, moins pâles que sa figure. Mme Aubain, au pied de la couche qu'elle tenait dans ses bras, poussait des hoquets d'agonie. La supérieure était debout, à droite. Trois chandeliers sur la commode faisaient des taches rouges, et le brouillard blanchissait les fenêtres. Des religieuses emportèrent Mme Aubain.

Pendant deux nuits, Félicité ne quitta pas la morte. Elle répétait les mêmes prières, jetait de l'eau bénite sur les draps, revenait s'asseoir, et la contemplait. A la fin de la première veille, elle remarqua que la figure avait jauni, les lèvres bleuirent, le nez se pinçait, les yeux s'enfonçaient. Elle les baisa plusieurs fois; et n'eût pas éprouvé un immense étonnement si Virginie les eût rouverts; pour de pareilles âmes le surnaturel est tout simple. Elle fit sa toilette, l'enveloppa de son linceul, la descendit dans sa bière, lui posa une couronne, étala ses cheveux. Ils étaient blonds, et extraordinaires de longueur à son âge. Félicité en coupa une grosse mèche, dont elle glissa la moitié dans sa poitrine, résolue à ne jamais s'en dessaisir.

Le corps fut ramené à Pont-l'Évêque, suivant les intentions de Mme Aubain, qui suivait le corbillard, dans une voiture fermée.

Après la messe, il fallut encore trois quarts d'heure pour atteindre le cimetière. Paul marchait en tête et sanglotait. M. Bourais était derrière, ensuite les principaux habitants, les femmes, couvertes de mantes noires, et Félicité. Elle songeait à son neveu, et, n'ayant pu lui rendre ces honneurs, avait un surcroît de tristesse, comme si on l'eût enterré avec l'autre.

Le désespoir de Mme Aubain fut illimité.

D'abord elle se révolta contre Dieu, le trouvant injuste de lui avoir pris sa fille, – elle qui n'avait jamais fait de mal, et dont la conscience était si pure! Mais non! elle aurait dû l'emporter dans le Midi. D'autres docteurs l'auraient sauvée! Elle s'accusait, voulait la rejoindre, criait en détresse au milieu de ses rêves. Un, surtout, l'obsédait. Son mari, costumé comme un matelot, revenait d'un long voyage, et lui disait en pleurant qu'il avait reçu l'ordre d'emmener Virginie. Alors ils se concertaient pour découvrir une cachette quelque part.

Une fois, elle rentra du jardin, bouleversée. Tout à l'heure (elle montrait l'endroit) le père et la fille lui étaient apparus l'un auprès de l'autre, et ils ne faisaient rien; ils la regardaient.

Pendant plusieurs mois, elle resta dans sa chambre, inerte. Félicité la sermonnait doucement; il fallait se conserver pour son fils, et pour l'autre, en souvenir «d'elle».

– «Elle?» reprenait Mme Aubain, comme se réveillant. «Ah! oui!...oui!... Vous ne l'oubliez pas!» Allusion au cimetière, qu'on lui avait scrupuleusement défendu.

Félicité tous les jours s'y rendait.

A quatre heures précises, elle passait au bord des maisons, montait la côte, ouvrait la barrière, et arrivait devant la tombe de Virginie. C'était une petite colonne de marbre rose, avec une dalle dans le bas, et des chaînes autour enfermant un jardinet. Les plates-bandes disparaissaient sous une couverture de fleurs. Elle arrosait leurs feuilles, renouvelait le sable, se mettait à genoux pour mieux labourer la terre. Mme Aubain, quand elle put y venir, en éprouva un soulagement, une espèce de consolation.

Puis des années s'écoulèrent, toutes pareilles et sans autres épisodes que le retour des grandes fêtes: Pâques, l'Assomption, la Toussaint. Des événements intérieurs faisaient une date, où l'on se reportait plus tard. Ainsi, en 1825, deux vitriers badigeonnèrent le vestibule; en 1827, une portion du toit, tombant dans la cour, faillit tuer un homme. L'été de 1828, ce fut à Madame d'offrir le pain bénit; Bourais, vers cette époque, s'absenta mystérieusement; et les anciennes connaissances peu à peu s'en allèrent: Guyot, Liébard, Mme Lechaptois, Robelin, l'oncle Gremanville, paralysé depuis longtemps.

Une nuit, le conducteur de la malle-poste annonça dans Pont-l'Évêque la Révolution de Juillet.[66] Un sous-préfet nouveau, peu de jours après, fut nommé: le baron de Larsonnière, ex-consul en Amérique, et qui avait chez lui, outre sa femme, sa belle-soeur avec trois demoiselles, assez grandes déjà. On les apercevait sur leur gazon, habillées de blouses flottantes; elles possédaient un nègre et un perroquet. Mme Aubain eut leur visite, et ne manqua pas de la rendre. Du plus loin qu'elles paraissaient, Félicité accourait pour la prévenir. Mais une chose était seule capable de l'émouvoir, les lettres de son fils.

Il ne pouvait suivre aucune carrière, étant absorbé dans les estaminets. Elle lui payait ses dettes; il en refaisait d'autres; et les soupirs que poussait Mme Aubain, en tricotant près de la fenêtre, arrivaient à Félicité, qui tournait son rouet dans la cuisine.

Elles se promenaient ensemble le long de l'espalier; et causaient toujours de Virginie, se demandant si telle chose lui aurait plu, en telle occasion ce qu'elle eût dit probablement.

Toutes ses petites affaires occupaient un placard dans la chambre à deux lits. Mme Aubain les inspectait le moins souvent possible. Un jour d'été, elle se résigna; et des papillons s'envolèrent de l'armoire.

Ses robes étaient en ligne sous une planche où il y avait trois poupées, des cerceaux, un ménage, la cuvette qui lui servait. Elles retirèrent également les jupons, les bas, les mouchoirs, et les étendirent sur les deux couches, avant de les replier. Le soleil éclairait ces pauvres objets, en faisait voir les taches, et des plis formés par les mouvements du corps. L'air était chaud et bleu, un merle gazouillait, tout semblait vivre dans une douceur profonde. Elles retrouvèrent un petit chapeau de peluche, à longs poils, couleur marron; mais il était tout mangé de vermine. Félicité le réclama pour elle-même. Leurs yeux se fixèrent l'une sur l'autre, s'emplirent de larmes; enfin la maîtresse ouvrit ses bras, la servante s'y jeta; et elles s'étreignirent, satisfaisant leur douleur dans un baiser qui les égalisait.

C'était la première fois de leur vie, Mme Aubain n'étant pas d'une nature expansive. Félicité lui en fut reconnaissante comme d'un bienfait, et désormais la chérit avec un dévouement bestial et une vénération religieuse.

La bonté de son coeur se développa.

Quand elle entendait dans la rue les tambours d'un régiment en marche, elle se mettait devant la porte avec une cruche de cidre, et offrait à boire aux soldats. Elle soigna des cholériques. Elle protégeait les Polonais; et même il y en eut un qui déclarait la vouloir épouser. Mais ils se fâchèrent; car un matin, en rentrant de l'angélus, elle le trouva dans sa cuisine, où il s'était introduit, et accommodé une vinaigrette qu'il mangeait tranquillement.

Après les Polonais, ce fut le père Colmiche, un vieillard passant pour avoir fait des horreurs en 93.[67] Il vivait au bord de la rivière, dans les décombres d'une porcherie. Les gamins le regardaient par les fentes du mur, et lui jetaient des cailloux qui tombaient sur son grabat, où il gisait, continuellement secoué par un catarrhe, avec des cheveux très longs, les paupières enflammées, et au bras une tumeur plus grosse que sa tête. Elle lui procura du linge, tâcha de nettoyer son bouge, rêvait à l'établir dans le fournil, sans qu'il gênât Madame. Quand le cancer eut crevé, elle le pansa tous les jours, quelquefois lui apportait de la galette, le plaçait au soleil sur une botte de paille; et le pauvre vieux, en bavant et en tremblant, la remerciait de sa voix éteinte, craignait de la perdre, allongeait les mains dès qu'il la voyait s'éloigner. Il mourut; elle fit dire une messe pour le repos de son âme.

Ce jour-là, il lui advint un grand bonheur: au moment du dîner, le nègre de Mme de Larsonnière se présenta, tenant le perroquet dans sa cage, avec le bâton, la chaîne et le cadenas. Un billet de la baronne annonçait à Mme Aubain que, son mari étant élevé à une préfecture, ils partaient le soir; et elle la priait d'accepter cet oiseau, comme un souvenir, et en témoignage de ses respects.

Il occupait depuis longtemps l'imagination de Félicité, car il venait d'Amérique, et ce mot lui rappelait Victor, si bien qu'elle s'en informait auprès du nègre. Une fois même elle avait dit: – «C'est Madame qui serait heureuse de l'avoir!»

Le nègre avait redit le propos à sa maîtresse, qui, ne pouvant l'emmener, s'en débarrassait de cette façon.

## IV

Il s'appelait Loulou. Son corps était vert, le bout de ses ailes rose, son front bleu, et sa gorge dorée.

Mais il avait la fatigante manie de mordre son bâton, s'arrachait les plumes, éparpillait ses ordures, répandait l'eau de sa baignoire; Mme Aubain, qu'il ennuyait, le donna pour toujours à Félicité.

Elle entreprit de l'instruire; bientôt il répéta: «Charmant garçon! Serviteur, monsieur! Je vous salue, Marie!» Il était placé auprès de la porte, et plusieurs s'étonnaient qu'il ne répondît pas au nom de Jacquot, puisque tous les perroquets s'appellent Jacquot. On le comparait à une dinde, à une bûche: autant de coups de poignard pour Félicité! Étrange obstination de Loulou, ne parlant plus du moment qu'on le regardait!

Néanmoins il recherchait la compagnie; car le dimanche, pendant que ces demoiselles Rochefeuille, M. de Houppeville et de nouveaux habitués: Onfroy l'apothicaire, M. Varin et le capitaine Mathieu, faisaient leur partie de cartes, il cognait les vitres avec ses ailes, et se démenait si furieusement qu'il était impossible de s'entendre.

La figure de Bourais, sans doute, lui paraissait très drôle. Dès qu'il l'apercevait il commençait à rire, à rire de toutes ses forces. Les éclats de sa voix bondissaient dans la cour, l'écho les répétait, les voisins se mettaient à leurs fenêtres, riaient aussi; et, pour n'être pas vu du perroquet, M. Bourais se coulait le long du mur, en dissimulant son profil avec son chapeau, atteignait la rivière, puis entrait par la porte du jardin; et les regards qu'il envoyait à l'oiseau manquaient de tendresse.

Loulou avait reçu du garçon boucher une chiquenaude, s'étant permis d'enfoncer la tête dans sa corbeille; et depuis lors il tâchait toujours de le pincer à travers sa chemise. Fabu menaçait de lui tordre le cou, bien qu'il ne fût pas cruel, malgré le tatouage de ses bras et ses gros favoris. Au contraire! il avait plutôt du penchant pour le perroquet, jusqu'à vouloir, par humeur joviale, lui apprendre des jurons. Félicité, que ces manières effrayaient, le plaça dans la cuisine. Sa chaînette fut retirée, et il circulait par la maison.

Quand il descendait l'escalier, il appuyait sur les marches la courbe dc son bec, levait la patte droite, puis la gauche; et elle avait peur qu'une telle gymnastique ne lui causât des étourdissements. Il devint malade, ne pouvait plus parler ni manger. C'était sous sa langue une épaisseur, comme en ont les poules quelquefois. Elle le guérit, en arrachant cette pellicule avec ses ongles. M. Paul, un jour, eut l'imprudence de lui souffler aux narines la fumée d'un cigare; une autre fois que Mme Lormeau l'agaçait du bout de son ombrelle, il en happa la virole; enfin, il se perdit.

Elle l'avait posé sur l'herbe pour le rafraîchir, s'absenta une minute; et, quand elle revint, plus de perroquet! D'abord elle le chercha dans les buissons, au bord de l'eau et sur les toits, sans écouter sa maîtresse qui lui criait: – «Prenez donc garde! vous êtes folle!» Ensuite elle inspecta tous les jardins de Pont-l'Évêque; et elle arrêtait les passants. – «Vous n'auriez pas vu, quelquefois, par hasard, mon perroquet?» A ceux qui ne connaissaient pas le perroquet, elle en faisait la description. Tout à coup, elle crut distinguer derrière les moulins, au bas de la côte, une chose verte qui voltigeait. Mais au haut de la côte, rien! Un porte-balle[68] lui affirma qu'il l'avait rencontré tout à l'heure, à Saint-Melaine, dans la boutique de la mère Simon. Elle y courut. On ne savait pas ce qu'elle voulait dire. Enfin elle rentra, épuisée, les savates en lambeaux, la mort dans l'âme; et, assise au milieu du banc, près de Madame, elle racontait toutes ses démarches, quand un poids léger lui tomba sur l'épaule, Loulou! Que diable avait-il fait? Peut-être qu'il s'était promené aux environs!

Elle eut du mal à s'en remettre, ou plutôt ne s'en remit jamais.

Par suite d'un refroidissement, il lui vint une angine; peu de temps après, un mal d'oreilles. Trois ans plus tard, elle était sourde; et elle parlait très haut, même à l'église. Bien que ses péchés auraient pu sans déshonneur pour elle, ni inconvénient pour le monde, se répandre à tous les coins du diocèse, M. le curé jugea convenable de ne plus recevoir sa confession que dans la sacristie.

Des bourdonnements illusoires achevaient de la troubler. Souvent sa maîtresse lui disait: – «Mon Dieu! comme vous êtes bête!» elle répliquait: – «Oui, Madame», en cherchant quelque chose autour d'elle.

Le petit cercle de ses idées se rétrécit encore, et le carillon des cloches, le mugissement des bœufs n'existaient plus. Tous les êtres fonctionnaient avec le silence des fantômes. Un seul bruit arrivait maintenant à ses oreilles, la voix du perroquet.

Comme pour la distraire, il reproduisait le tic-tac du tournebroche, l'appel aigu d'un vendeur de poisson, la scie du menuisier qui logeait en face; et, aux coups de la sonnette, imitait Mme Aubain, – «Félicité! la porte! la porte!»

Ils avaient des dialogues, lui, débitant à satiété les trois phrases de son répertoire, et elle, y répondant par des mots sans plus de suite, mais où son coeur s'épanchait. Loulou, dans son isolement, était presque un fils, un amoureux. Il escaladait ses doigts, mordillait ses lèvres, se cramponnait à son fichu; et, comme elle penchait son front en branlant la tête à la manière des nourrices, les grandes ailes du bonnet et les ailes de l'oiseau frémissaient ensemble.

Quand des nuages s'amoncelaient et que le tonnerre grondait, il poussait des cris, se rappelant peut-être les ondées de ses forêts natales. Le ruissellement de l'eau excitait son délire; il voletait éperdu, montait au plafond, renversait tout, et par la fenêtre allait barboter dans le jardin; mais revenait vite sur un des chenets, et, sautillant pour sécher ses plumes, montrait tantôt sa queue, tantôt son bec.

Un matin du terrible hiver de 1837, qu'elle l'avait mis devant la cheminée, à cause du froid, elle le trouva mort, au milieu de sa cage, la tête en bas, et les ongles dans les fils de fer. Une congestion l'avait tué, sans doute? Elle crut à un empoisonnement par le persil; et, malgré l'absence de toutes preuves, ses soupçons portèrent sur Fabu.

Elle pleura tellement que sa maîtresse lui dit: – «Eh bien! faites-le empailler!»

Elle demanda conseil au pharmacien, qui avait toujours été bon pour le perroquet.

Il écrivit au Havre. Un certain Fellacher se chargea de cette besogne. Mais, comme la diligence égarait parfois les colis, elle résolut de le porter elle-même jusqu'à Honfleur.

Les pommiers sans feuilles se succédaient aux bords de la route. De la glace couvrait les fossés. Des chiens aboyaient autour des fermes; et les mains sous son mantelet, avec ses petits sabots noirs et son cabas, elle marchait prestement, sur le milieu du pavé.

Elle traversa la forêt, dépassa le Haut-Chêne, atteignit Saint-Gatien.

Derrière elle, dans un nuage de poussière et emportée par la descente, une malle-poste au grand galop se précipitait comme une trombe. En voyant cette femme qui ne se dérangeait pas, le conducteur se dressa pardessus la capote, et le postillon criait aussi, pendant que ses quatre chevaux qu'il ne pouvait retenir accéléraient leur train; les deux premiers la frôlaient; d'une secousse de ses guides, il les jeta dans le débord, mais furieux releva le bras, et à pleine volée, avec son grand fouet, lui cingla du ventre au chignon un tel coup qu'elle tomba sur le dos.

Son premier geste, quand elle reprit connaissance, fut d'ouvrir son panier. Loulou n'avait rien, heureusement. Elle sentit une brûlure à la joue droite; ses mains qu'elle y porta étaient rouges. Le sang coulait.

Elle s'assit sur un mètre de cailloux, se tamponna le visage avec son mouchoir, puis elle mangea une croûte de pain, mise dans son panier par précaution, et se consolait de sa blessure en regardant l'oiseau.

Arrivée au sommet d'Ecquemauville, elle aperçut les lumières de Honfleur qui scintillaient dans la nuit comme une quantité d'étoiles; la mer, plus loin, s'étalait confusément. Alors une faiblesse l'arrêta; et la misère de son enfance, la déception du premier amour, le départ de son neveu, la mort de Virginie, comme les flots d'une marée, revinrent à la fois, et, lui montant à la gorge, l'étouffaient.

Puis elle voulut parler au capitaine du bateau; et, sans dire ce qu'elle envoyait, lui fit des recommandations.

Fellacher garda longtemps le perroquet. Il le promettait toujours pour la semaine prochaine; au bout de six mois, il annonça le départ d'une caisse; et il n'en fut plus question. C'était à croire que jamais Loulou ne reviendrait. «Ils me l'auront volé!» pensait-elle.

Enfin il arriva, – et splendide, droit sur une branche d'arbre, qui se vissait dans un socle d'acajou, une patte en l'air, la tête oblique, et mordant une noix, que l'empailleur par amour du grandiose avait dorée.

Elle l'enferma dans sa chambre.

Cet endroit, où elle admettait peu de monde, avait l'air tout à la fois d'une chapelle et d'un bazar, tant il contenait d'objets religieux et de choses hétéroclites.

Une grande armoire gênait pour ouvrir la porte. En face de la fenêtre surplombant le jardin, un oeil-de-boeuf regardait la cour; une table, près du lit de sangle, supportait un pot à l'eau, deux peignes, et un cube de savon bleu dans une assiette ébréchée. On voyait contre les murs: des chapelets, des médailles, plusieurs bonnes Vierges, un bénitier en noix de coco; sur la commode, couverte d'un drap comme un autel, la boîte en coquillages que lui avait donnée Victor; puis un arrosoir et un ballon, des cahiers d'écriture, la géographie en estampes, une paire de bottines; et au clou du miroir, accroché par ses rubans, le petit chapeau de peluche! Félicité poussait même ce genre de respect si loin, qu'elle conservait une des redingotes de Monsieur. Toutes les vieilleries dont ne voulait plus Mme Aubain, elle les prenait pour sa chambre. C'est ainsi qu'il y avait des fleurs artificielles au bord de la commode, et le portrait du comte d'Artois[69] dans l'enfoncement de la lucarne.

Au moyen d'une planchette, Loulou fut établi sur un corps de cheminée qui avançait dans l'appartement. Chaque matin, en s'éveillant, elle l'apercevait à la clarté de l'aube, et se rappelait alors les jours disparus, et d'insignifiantes actions jusqu'en leurs moindres détails, sans douleur, pleine de tranquillité.

Ne communiquant avec personne, elle vivait dans une torpeur de somnambule. Les processions de la Fête-Dieu la ranimaient. Elle allait quêter chez les voisines des flambeaux et des paillassons, afin d'embellir le reposoir qu'on dressait dans la rue.

A l'église, elle contemplait toujours le Saint-Esprit, et observa qu'il avait quelque chose du perroquet. Sa ressemblance lui parut encore plus manifeste sur une image d'Épinal,[70] représentant le baptême de Notre-Seigneur.

Avec ses ailes de pourpre et son corps d'émeraude, c'était vraiment le portrait de Loulou.

L'ayant acheté, elle le suspendit à la place du comte d'Artois, – de sorte que, du même coup d'oeil, elle les voyait ensemble. Ils s'associèrent dans sa pensée, le perroquet se trouvant sanctifié par ce rapport avec le Saint Esprit, qui devenait plus vivant à ses yeux et intelligible. Le Père, pour s'énoncer, n'avait pu choisir une colombe, puisque ces bêtes-là n'ont pas de voix, mais plutôt un des ancêtres de Loulou. Et Félicité priait en regardant l'image, mais de temps à autre se tournait un peu vers l'oiseau.

Elle eut envie de se mettre dans les demoiselles de la Vierge. Mme Aubain l'en dissuada.

Un événement considérable surgit: le mariage de Paul.

Après avoir été d'abord clerc de notaire, puis dans le commerce, dans la douane, dans les contributions, et même avoir commencé des démarches pour les eaux et forêts, à trente-six ans, tout à coup, par une inspiration du ciel, il avait découvert sa voie: l'enregistrement![71] et y montrait de si hautes facultés qu'un vérificateur lui avait offert sa fille, en lui promettant sa protection.

Paul, devenu sérieux, l'amena chez sa mère.

Elle dénigra les usages de Pont-l'Évêque, fit la princesse, blessa Félicité. Mme Aubain, à son départ, sentit un allégement.

La semaine suivante, on apprit la mort de M. Bourais, en basse Bretagne, dans une auberge. La rumeur d'un suicide se confirma; des doutes s'élevèrent sur sa probité. Mme Aubain étudia ses comptes, et ne tarda pas à connaître la kyrielle de ses noirceurs: détournements d'arrérages, ventes de bois dissimulées, fausses quittances, etc. De plus, il avait un enfant naturel, et «des relations avec une personne de Dozulé».

Ces turpitudes l'affigèrent beaucoup. Au mois de mars 1853, elle fut prise d'une douleur dans la poitrine; sa langue paraissait couverte de fumée, les sangsues ne calmèrent pas l'oppression; et le neuvième soir elle expira, ayant juste soixante-douze ans.

On la croyait moins vieille, à cause de ses cheveux bruns, dont les bandeaux entouraient sa figure blême, marquée de petite vérole. Peu d'amis la regrettèrent, ses façons étant d'une hauteur qui éloignait.

Félicité la pleura, comme on ne pleure pas les maîtres. Que Madame mourût avant elle, cela troublait ses idées, lui semblait contraire à l'ordre des choses, inadmissible et monstrueux.

Dix jours après (le temps d'accourir de Besançon), les héritiers survinrent. La bru fouilla les tiroirs, choisit des meubles, vendit les autres, puis ils regagnèrent l'enregistrement.

Le fauteuil de Madame, son guéridon, sa chaufferette, les huit chaises, étaient partis! La place des gravures se dessinait en carrés jaunes au milieu des cloisons. Ils avaient emporté les deux couchettes, avec leurs matelas, et dans le placard on ne voyait plus rien de toutes les affaires de Virginie! Félicité remonta les étages, ivre de tristesse.

Le lendemain il y avait sur la porte une affiche; l'apothicaire lui cria dans l'oreille que la maison était à vendre.

Elle chancela, et fut obligée de s'asseoir.

Ce qui la désolait principalement, c'était d'abandonner sa chambre, – si commode pour le pauvre Loulou. En l'eveloppant d'un regard d'angoisse, elle implorait le Saint-Esprit, et contracta l'habitude idolâtre de dire ses oraisons agenouillée devant le perroquet. Quelquefois, le soleil entrant par la lucarne frappait son œil de verre, et en faisait jaillir un grand rayon lumineux qui la mettait en extase.

Elle avait une rente de trois cent quatre-vingts francs, léguée par sa maîtresse. Le jardin lui fournissait des légumes. Quant aux habits, elle possédait de quoi se vêtir jusqu'à la fin de ses jours, et épargnait l'éclairage en se couchant dès le crépuscule.

Elle ne sortait guère, afin d'éviter la boutique du brocanteur, où s'étalaient quelques-uns des anciens meubles. Depuis son étourdissement, elle traînait une jambe; et, ses forces diminuant, la mère Simon, ruinée dans l'épicerie, venait tous les matins fendre son bois et pomper de l'eau.

Ses yeux s'affaiblirent. Les persiennes n'ouvraient plus. Bien des années se passèrent. Et la maison ne se louait pas, et ne se vendait pas.

Dans la crainte qu'on ne la renvoyât, Félicité ne demandait aucune réparation. Les lattes du toit pourrissaient; pendant tout un hiver son traversin fut mouillé. Après Pâques, elle cracha du sang.

Alors la mère Simon eut recours à un docteur. Félicité voulut savoir ce qu'elle avait. Mais, trop sourde pour entendre, un seul mot lui parvint: «Pneumonie.» Il lui était connu, et elle répliqua doucement: – «Ah! comme Madame», trouvant naturel de suivre sa maîtresse.

Le moment des reposoirs approchait.

Le premier était toujours au bas de la côte, le second devant la poste, le troisième vers le milieu de la rue. Il y eut des rivalités à propos de celui-là; et les paroissiennes choisirent finalement la cour de Mme Aubain.

Les oppressions et la fièvre augmentaient. Félicité se chagrinait de ne rien faire pour le reposoir. Au moins, si elle avait pu y mettre quelque chose! Alors elle songea au perroquet. Ce n'était pas convenable, objectèrent les voisines. Mais le curé accorda cette permission; elle en fut tellement heureuse qu'elle le pria d'accepter, quand elle serait morte, Loulou, sa seule richesse.

Du mardi au samedi, veille de la Fête-Dieu, elle toussa plus fréquemment.

Le soir son visage était grippé, ses lèvres se collaient à ses gencives, des vomissements parurent; et le lendemain, au petit jour, se sentant très bas, elle fit appeler un prêtre.

Trois bonnes femmes l'entouraient pendant l'extrême-onction. Puis elle déclara qu'elle avait besoin de parler à Fabu.

Il arriva en toilette des dimanches, mal à son aise dans cette atmosphère lugubre.

– «Pardonnez-moi», dit-elle avec un effort pour étendre le bras, «je croyais que c'était vous qui l'aviez tué!»

Que signifiaient des potins pareils? L'avoir soupçonné d'un meurtre, un homme comme lui! et il s'indignait, allait faire du tapage. – «Elle n'a plus sa tête, vous voyez bien!»

Félicité de temps à autre parlait à des ombres. Les bonnes femmes s'éloignèrent. La Simonne déjeuna.

Un peu plus tard, elle prit Loulou, et, l'approchant de Félicité:

– «Allons! dites-lui adieu!»

Bien qu'il ne fût pas un cadavre, les vers le dévoraient; une de ses ailes était cassée, l'étoupe lui sortait du ventre. Mais, aveugle à présent, elle le baisa au front, et le gardait contre sa joue. La Simonne le reprit, pour le mettre sur le reposoir.

## V

Les herbages envoyaient l'odeur de l'été; des mouches bourdonnaient; le soleil faisait luire la rivière, chauffait les ardoises. La mère Simon, revenue dans la chambre, s'endormait doucement.

Des coups de cloche la réveillèrent; on sortait des vêpres. Le délire de Félicité tomba. En songeant à la procession, elle la voyait, comme si elle l'eût suivie.

Tous les enfants des écoles, les chantres et les pompiers marchaient sur les trottoirs, tandis qu'au milieu de la rue, s'avançaient premièrement: le suisse armé de sa hallebarde, le bedeau avec une grande croix, l'instituteur surveillant les gamins, la religieuse inquiète de ses petites filles; trois des plus mignonnes, frisées comme des anges, jetaient dans l'air des pétales de roses; le diacre, les bras écartés, modérait la musique; et deux encenseurs se retournaient à chaque pas vers le Saint-Sacrement, que portait, sous un dais de velours ponceau tenu par quatre fabriciens,[72] M. le curé, dans sa belle chasuble. Un flot de monde se poussait derrière, entre les nappes blanches couvrant le mur des maisons; et l'on arriva au bas de la côte.

Une sueur froide mouillait les tempes de Félicité. La Simonne l'épongeait avec un linge, en se disant qu'un jour il lui faudrait passer par là.

Le murmure de la foule grossit, fut un moment très fort, s'éloignait.

Une fusillade ébranla les carreaux. C'était les postillons saluant l'ostensoir. Félicité roula ses prunelles, et elle dit, le moins bas qu'elle put:

– «Est-il bien?» tourmentée du perroquet.

Son agonie commença. Un râle, de plus en plus précipité, lui soulevait les côtes. Des bouillons d'écume venaient aux coins de sa bouche, et tout son corps tremblait.

Bientôt, on distingua le ronflement des ophicléides, les voix claires des enfants, la voix profonde des hommes. Tout se taisait par intervalles, et le battement des pas, que des fleurs amortissaient, faisait le bruit d'un troupeau sur du gazon.

Le clergé parut dans la cour. La Simonne grimpa sur une chaise pour atteindre à l'œil-de-bœuf, et de cette manière dominait le reposoir.

Des guirlandes vertes pendaient sur l'autel, orné d'un falbala en point d'Angleterre. Il y avait au milieu un petit cadre enfermant des reliques, deux orangers dans les angles, et, tout le long, des flambeaux d'argent et des vases en porcelaine, d'où s'élançaient des tournesols, des lis, des pivoines, des digitales, des touffes d'hortensias. Ce monceau de couleurs éclatantes descendait obliquement, du premier étage jusqu'au tapis se prolongeant sur les pavés; et des choses rares tiraient les yeux. Un sucrier de vermeil avait une couronne de violettes, des pendeloques en pierres d'Alençon[73] brillaient sur de la mousse, deux écrans chinois montraient leurs paysages. Loulou, caché sous des roses, ne laissait voir que son front bleu, pareil à une plaque de lapis.

Les fabriciens, les chantres, les enfants se rangèrent sur les trois côtés de la cour. Le prêtre gravit lentement les marches, et posa sur la dentelle son grand soleil d'or qui rayonnait. Tous s'agenouillèrent. Il se fit un grand silence. Et les encensoirs, allant à pleine volée, glissaient sur leurs chaînettes.

Une vapeur d'azur monta dans la chambre de Félicité. Elle avança les narines, en la humant avec une sensualité mystique; puis ferma les paupières. Ses lèvres souriaient. Les mouvements de son coeur se ralentirent un à un, plus vagues chaque fois, plus doux, comme une fontaine s'épuise, comme un écho disparaît; et, quand elle exhala son dernier souffle, elle crut voir, dans les cieux entr'ouverts, un perroquet gigantesque, planant au-dessus de sa tête.

# 6

# *Mon Oncle Jules*

## Guy de Maupassant (1850-93)

Un vieux pauvre, à barbe blanche, nous demanda l'aumône. Mon camarade Joseph Davranche lui donna cent sous. Je fus surpris. Il me dit:

«Ce misérable m'a rappelé une histoire que je vais te dire et dont le souvenir me poursuit sans cesse. La voici:

Ma famille, originaire du Havre, n'était pas riche. On s'en tirait, voilà tout. Le père travaillait, rentrait tard du bureau et ne gagnait pas grand-chose. J'avais deux sœurs.

Ma mère souffrait beaucoup de la gêne où nous vivions, et elle trouvait souvent des paroles aigres pour son mari, des reproches voilés et perfides. Le pauvre homme avait alors un geste qui me navrait. Il se passait la main ouverte sur le front, comme pour essuyer une sueur qui n'existait pas, et il ne répondait rien. Je sentais sa douleur impuissante. On économisait sur tout; on n'acceptait jamais un dîner, pour n'avoir pas à le rendre; on achetait les provisions au rabais, les fonds de boutique. Mes sœurs faisaient leurs robes elles-mêmes et avaient de longues discussions sur le prix du galon qui valait quinze centimes le mètre. Notre nourriture ordinaire consistait en soupe grasse et bœuf accommodé à toutes les sauces. Cela est sain et réconfortant, paraît-il; j'aurais préféré autre chose.

On me faisait des scènes abominables pour les boutons perdus et les pantalons déchirés.

Mais chaque dimanche nous allions faire notre tour de jetée en grande tenue. Mon père, en redingote, en grand chapeau, en gants, offrait le bras à ma mère, pavoisée comme un navire un jour de fête. Mes soeurs, prêtes les premières, attendaient le signal du départ; mais, au dernier moment, on découvrait toujours une tache oubliée sur la redingote du père de famille, et il fallait bien vite l'effacer avec un chiffon mouillé de benzine.

Mon père, gardant son grand chapeau sur la tête, attendait, en manches de chemise, que l'opération fût terminée, tandis que ma mère se hâtait, ayant ajusté ses lunettes de myope, et ôté ses gants pour ne les pas gâter.

On se mettait en route avec cérémonie. Mes sœurs marchaient devant, en se donnant le bras. Elles étaient en âge de mariage, et on en faisait montre en ville. Je me tenais à gauche de ma mère, dont mon père gardait la droite. Et je me rappelle l'air pompeux de mes pauvres parents dans ces promenades du dimanche, la rigidité de leurs traits, la sévérité de leur allure; ils avançaient d'un pas grave, le corps droit, les jambes raides, comme si une affaire d'une importance extrême eût dépendu de leur tenue.

Et chaque dimanche, en voyant entrer les grands navires qui revenaient de pays inconnus et lointains, mon père prononçait invariablement les mêmes paroles:

«Hein! si Jules était là-dedans, quelle surprise!»

Mon oncle Jules, le frère de mon père, était le seul espoir de la famille, après en avoir été la terreur. J'avais entendu parler de lui depuis mon enfance, et il me semblait que je l'aurais reconnu du premier coup, tant sa pensée m'était devenue familière. Je savais tous les détails de son existence jusqu'au jour de son départ pour l'Amérique, bien qu'on ne parlât qu'à voix basse de cette période de sa vie.

Il avait eu, paraît-il, une mauvaise conduite, c'est-à-dire qu'il avait mangé quelque argent, ce qui est bien le plus grand des crimes pour les familles pauvres. Chez les riches, un homme qui s'amuse *fait des bêtises*. Il est ce qu'on appelle, en souriant, un noceur. Chez les nécessiteux, un garçon qui force les parents à écorner le capital devient un mauvais sujet, un gueux, un drôle!

Et cette distinction est juste, bien que le fait soit le même, car les conséquences seules déterminent la gravité de l'acte.

Enfin l'oncle Jules avait notablement diminué l'héritage sur lequel comptait mon père; après avoir d'ailleurs mangé sa part jusqu'au dernier sou.

On l'avait embarqué pour l'Amérique, comme on faisait alors, sur un navire marchand allant du Havre à New York.

Une fois là-bas, mon oncle Jules s'établit marchand de je ne sais quoi, et il écrivit bientôt qu'il gagnait un peu d'argent et qu'il espérait pouvoir dédommager mon père du tort qu'il lui avait fait. Cette lettre causa dans la famille une émotion profonde. Jules, qui ne valait pas, comme on dit, les quatre fers d'un chien, devint tout à coup un honnête homme, un garçon de cœur, un vrai Davranche, intègre comme tous les Davranche.

Un capitaine nous apprit en outre qu'il avait loué une grande boutique et qu'il faisait un commerce important.

Une seconde lettre, deux ans plus tard, disait: «Mon cher Philippe, je t'écris pour que tu ne t'inquiètes pas de ma santé, qui est bonne. Les affaires aussi vont bien. Je pars demain pour un long voyage dans l'Amérique du Sud. Je serai peut-être plusieurs années sans te donner de mes nouvelles. Si je ne t'écris pas, ne sois pas inquiet. Je reviendrai au Havre une fois fortune faite. J'espère que ce ne sera pas trop long, et nous vivrons heureux ensemble...»

Cette lettre était devenue l'évangile de la famille. On la lisait à tout propos, on la montrait à tout le monde.

Pendant dix ans, en effet, l'oncle Jules ne donna plus de nouvelles; mais l'espoir de mon père grandissait à mesure que le temps marchait; et ma mère aussi disait souvent:

«Quand ce bon Jules sera là, notre situation changera. En voilà un qui a su se tirer d'affaire!»

Et chaque dimanche, en regardant venir de l'horizon les gros vapeurs noirs vomissant sur le ciel des serpents de fumée, mon père répétait sa phrase éternelle:

«Hein! si Jules était là-dedans, quelle surprise!»

Et on s'attendait presque à le voir agiter un mouchoir, et crier:

«Ohé! Philippe.»

On avait échafaudé mille projets sur ce retour assuré; on devait même acheter, avec l'argent de l'oncle, une petite maison de campagne près d'Ingouville. Je n'affirmerais pas que mon père n'eût point entamé déjà des négociations à ce sujet.

L'aînée de mes sœurs avait alors vingt-huit ans; l'autre vingt-six. Elles ne se mariaient pas, et c'était là un gros chagrin pour tout le monde.

Un prétendant enfin se présenta pour la seconde. Un employé pas riche, mais honorable. J'ai toujours eu la conviction que la lettre de l'oncle Jules, montrée un soir, avait terminé les hésitations et emporté la résolution du jeune homme.

On l'accepta avec empressement, et il fut décidé qu'après le mariage toute la famille ferait ensemble un petit voyage à Jersey.

Jersey est l'idéal du voyage pour les gens pauvres. Ce n'est pas loin; on passe la mer dans un paquebot et on est en terre étrangère, cet îlot appartenant aux Anglais. Donc, un Français, avec deux heures de navigation, peut s'offrir la vue d'un peuple voisin chez lui et étudier les mœurs, déplorables d'ailleurs, de cette île couverte par le pavillon britannique, comme disent les gens qui parlent avec simplicité.

Ce voyage de Jersey devint notre préoccupation, notre unique attente, notre rêve de tous les instants.

On partit enfin. Je vois cela comme si c'était d'hier: le vapeur chauffant contre le quai de Granville; mon père, effaré, surveillant l'embarquement de nos trois colis; ma mère inquiète ayant pris le bras de ma sœur non mariée, qui semblait perdue depuis le départ de l'autre, comme un poulet resté seul de sa couvée; et, derrière nous, les nouveaux époux qui restaient toujours en arrière, ce qui me faisait souvent tourner la tête.

Le bâtiment siffla. Nous voici montés, et le navire, quittant la jetée, s'éloigna sur une mer plate comme une table de marbre vert. Nous regardions les côtes s'enfuir, heureux et fiers comme tous ceux qui voyagent peu.

Mon père tendait son ventre, sous sa redingote dont on avait, le matin même, effacé avec soin toutes les taches, et il répandait autour de lui cette odeur de benzine des jours de sortie, qui me faisait reconnaître les dimanches.

Tout à coup, il avisa deux dames élégantes à qui deux messieurs offraient des huîtres. Un vieux matelot déguenillé ouvrait d'un coup de couteau les coquilles et les passait aux messieurs, qui les tendaient ensuite aux dames. Elles mangeaient d'une manière délicate, en tenant l'écaille sur un mouchoir fin et en avançant la bouche pour ne point tacher leurs robes. Puis elles buvaient l'eau d'un petit mouvement rapide et jetaient la coquille à la mer.

Mon père, sans doute, fut séduit par cet acte distingué de manger des huîtres sur un navire en marche. Il trouva cela bon genre, raffiné, supérieur, et il s'approcha de ma mère et de mes sœurs en demandant:

«Voulez-vous que je vous offre quelques huîtres?»

Ma mère hésitait, à cause de la dépense; mais mes deux sœurs acceptèrent tout de suite. Ma mère dit, d'un ton contrarié:

«J'ai peur de me faire mal à l'estomac. Offre ça aux enfants seulement, mais pas trop, tu les rendrais malades.»

Puis, se tournant vers moi, elle ajouta:

«Quant à Joseph, il n'en a pas besoin; il ne faut point gâter les garçons.»

Je restai donc à côté de ma mère, trouvant injuste cette distinction. Je suivais de l'oeil mon père, qui conduisait pompeusement ses deux filles et son gendre vers le vieux matelot déguenillé.

Les deux dames venaient de partir, et mon père indiquait à mes soeurs comment il fallait s'y prendre pour manger sans laisser couler l'eau; il voulut même donner l'exemple et il s'empara d'une huître. En essayant d'imiter les dames, il renversa immédiatement tout le liquide sur sa redingote et j'entendis ma mère murmurer:

«Il ferait mieux de se tenir tranquille.»

Mais tout à coup mon père me parut inquiet; il s'éloigna de quelques pas, regarda fixement sa famille pressée autour de l'écailleur, et, brusqement, il vint vers nous. Il me sembla fort pâle, avec des yeux singuliers. Il dit, à mi-voix, à ma mère:

«C'est extraordinaire comme cet homme qui ouvre les huîtres ressemble à Jules.»

Ma mère, interdite, demanda:

«Quel Jules?...»

Mon père reprit:

«Mais...mon frère... Si je ne le savais pas en bonne position, en Amérique, je croirais que c'est lui.»

Ma mère effarée balbutia:

«Tu es fou! Du moment que tu sais bien que ce n'est pas lui, pourquoi dire ces bêtises-là?

– Va donc le voir, Clarisse; j'aime mieux que tu t'en assures toi-même, de tes propres yeux.»

Elle se leva et alla rejoindre ses filles. Moi aussi, je regardais l'homme. Il était vieux, sale, tout ridé, et ne détournait pas le regard de sa besogne.

Ma mère revint. Je m'aperçus qu'elle tremblait. Elle prononça très vite:

«Je crois que c'est lui. Va donc demander des renseignements au capitaine. Surtout sois prudent, pour que ce garnement ne nous retombe pas sur les bras, maintenant!»

Mon père s'éloigna, mais je le suivis. Je me sentais étrangement ému.

Le capitaine, un grand monsieur, maigre, à longs favoris, se promenait sur la passerelle d'un air important, comme s'il eût commandé le courrier des Indes.

Mon père l'aborda avec cérémonie, en l'interrogeant sur son métier avec accompagnement de compliments:

«Quelle était l'importance de Jersey? Ses productions? Sa population? Ses mœurs? Ses coutumes? La nature du sol», etc., etc.

On eût cru qu'il s'agissait au moins des Etats-Unis d'Amérique.

Puis on parla du bâtiment qui nous portait, l'*Express*, puis on en vint à l'équipage. Mon père, enfin, d'une voix troublée:

«Vous avez là un vieil écailleur d'huîtres qui paraît bien intéressant. Savez-vous quelques détails sur ce bonhomme?»

Le capitaine, que cette conversation finissait par irriter, répondit sèchement:

«C'est un vieux vagabond français que j'ai trouvé en Amérique l'an dernier, et que j'ai rapatrié. Il a, paraît-il, des parents au Havre, mais il ne veut pas retourner près d'eux, parce qu'il leur doit de l'argent. Il s'appelle Jules... Jules Darmanche ou Darvanche, quelque chose comme ça, enfin. Il paraît qu'il a été riche un moment là-bas, mais vous voyez où il en est réduit maintenant.»

Mon père, qui devenait livide, articula, la gorge serrée, les yeux hagards:

«Ah! ah! très bien..., fort bien... Cela ne m'étonne pas... Je vous remercie beaucoup, capitaine.»

Et il s'en alla, tandis que le marin le regardait s'éloigner avec stupeur.

Il revint auprès de ma mère, tellement décomposé qu'elle lui dit:

«Assieds-toi; on va s'apercevoir de quelque chose.»

Il tomba sur le banc en bégayant:

«C'est lui, c'est bien lui!»

Puis il demanda:

«Qu'allons-nous faire?...»

Elle répondit vivement:

«Il faut éloigner les enfants. Puisque Joseph sait tout, il va aller les chercher. Il faut prendre garde surtout que notre gendre ne se doute de rien.»

Mon père paraissait atterré. Il murmura:

«Quelle catastrophe!»

Ma mère ajouta, devenue tout à coup furieuse:

«Je me suis toujours doutée que ce voleur ne ferait rien, et qu'il nous retomberait sur le dos! Comme si on pouvait attendre quelque chose d'un Davranche!...»

Et mon père se passa la main sur le front, comme il faisait sous les reproches de sa femme.

Elle ajouta:

«Donne de l'argent à Joseph pour qu'il aille payer ces huîtres, à présent. Il ne manquerait plus que d'être reconnus par ce mendiant. Cela ferait un joli effet sur le navire. Allons-nous-en à l'autre bout, et fais en sorte que cet homme n'approche pas de nous!»

Elle se leva, et ils s'éloignèrent après m'avoir remis une pièce de cent sous.

Mes sœurs, surprises, attendaient leur père. J'affirmai que maman s'était trouvée un peu gênée par la mer, et je demandai à l'ouvreur d'huîtres:

«Combien est-ce que nous vous devons, Monsieur?»

J'avais cnvic dc dire: mon oncle.

Il répondit:

«Deux francs cinquante.»

Je tendis mes cent sous et il me rendit la monnaie.

Je regardais sa main, une pauvre main de matelot toute plissée, et je regardais son visage, un vieux et misérable visage, triste, accablé, en me disant:

«C'est mon oncle, le frère de papa, mon oncle!»

Je lui laissai dix sous de pourboire. Il me remercia:

«Dieu vous bénisse, mon jeune monsieur!»

Avec l'accent d'un pauvre qui reçoit l'aumône. Je pensai qu'il avait dû mendier, là-bas!

Mes sœurs me contemplaient, stupéfaites de ma générosité.

Quand je remis les deux francs à mon père, ma mère, surprise, demanda:

«Il y en avait pour trois francs?... Ce n'est pas possible.»

Je déclarai d'une voix ferme:

«J'ai donné dix sous de pourboire.»

Ma mère eut un sursaut et me regarda dans les yeux:

«Tu es fou! Donner dix sous à cet homme, à ce gueux!...»

Elle s'arrêta sous un regard de mon père, qui désignait son gendre.

Puis on se tut.

Devant nous, à l'horizon, une ombre violette semblait sortir de la mer. C'était Jersey.

Lorsqu'on approcha des jetées, un désir violent me vint au cœur de voir encore une fois mon oncle Jules, de m'approcher, de lui dire quelque chose de consolant, de tendre.

Mais, comme personne ne mangeait plus d'huîtres, il avait disparu, descendu sans doute au fond de la cale infecte où logeait ce misérable.

Et nous sommes revenus par le bateau de Saint-Malo, pour ne pas le rencontrer. Ma mère était dévorée d'inquiétude.

Je n'ai jamais revu le frère de mon père!

Voilà pourquoi tu me verras quelquefois donner cent sous aux vagabonds.»

# 7

# *Lettre d'un fou*

## Guy de Maupassant

Mon cher docteur, je me mets entre vos mains. Faites de moi ce qu'il vous plaira.

Je vais vous dire bien franchement mon étrange état d'esprit, et vous apprécierez s'il ne vaudrait pas mieux qu'on prît soin de moi pendant quelque temps dans une maison de santé plutôt que de me laisser en proie aux hallucinations et aux souffrances qui me harcèlent.

Voici l'histoire, longue et exacte, du mal singulier de mon âme.

Je vivais comme tout le monde, regardant la vie avec les yeux ouverts et aveugles de l'homme, sans m'étonner et sans comprendre. Je vivais comme vivent les bêtes, comme nous vivons tous, accomplissant toutes les fonctions de l'existence, examinant et croyant voir, croyant savoir, croyant connaître ce qui m'entoure, quand, un jour, je me suis aperçu que tout est faux.

C'est une phrase de Montesquieu qui a éclairé brusquement ma pensée. La voici: «Un organe de plus ou de moins dans notre machine nous aurait fait une autre intelligence… Enfin toutes les lois établies sur ce que notre machine est d'une certaine façon seraient différentes si notre machine n'était pas de cette façon.»[74]

J'ai réfléchi à cela pendant des mois, des mois et des mois, et, peu à peu, une étrange clarté est entrée en moi, et cette clarté y a fait la nuit.

En effet – nos organes sont les seuls intermédiaires entre le monde extérieur et nous. C'est-à-dire que l'être intérieur, qui constitue *le moi*, se trouve en contact, au moyen de quelques filets nerveux, avec l'être extérieur qui constitue le monde.

Or, outre que cet être extérieur nous échappe par ses proportions, sa durée, ses propriétés innombrables et impénétrables, ses origines, son avenir ou ses fins, ses formes lointaines et ses manifestations infinies, nos organes ne nous fournissent encore sur la parcelle de lui que nous pouvons connaître que des renseignments aussi incertains que peu nombreux.

Incertains, parce que ce sont uniquement les propriétés de nos organes qui déterminent pour nous les propriétés apparentes de la matière.

Peu nombreux, parce que nos sens n'étant qu'au nombre de cinq, le champ de leurs investigations et la nature de leurs révélations se trouvent fort restreints.

Je m'explique. – L'œil nous indique les dimensions, les formes et les couleurs. Il nous trompe sur ces trois points.

Il ne peut nous révéler que les objets et les êtres de dimension moyenne, en proportion avec la taille humaine, ce qui nous a amenés à appliquer le mot grand à certaines choses et le mot petit à certaines autres, uniquement parce que sa faiblesse ne lui permet pas de connaître ce qui est trop vaste ou trop menu pour lui. D'où il résulte qu'il ne sait et ne voit presque rien, que l'univers presque entier lui demeure caché, l'étoile qui habite l'espace et l'animalcule qui habite la goutte d'eau.

S'il avait même cent millions de fois sa puissance normale, s'il apercevait dans l'air que nous respirons toutes les races d'êtres invisibles, ainsi que les habitants des planètes voisines, il existerait encore des nombres infinis de races de bêtes plus petites et des mondes tellement lointains qu'il ne les atteindrait pas.

Donc toutes nos idées de proportion sont fausses puisqu'il n'y a pas de limite possible dans la grandeur ni dans la petitesse.

Notre appréciation sur les dimensions et les formes n'a aucune valeur absolue, étant déterminée uniquement par la puissance d'un organe et par une comparaison constante avec nous-mêmes.

Ajoutons que l'œil est encore incapable de voir le transparent. Un verre sans défaut le trompe. Il le confond avec l'air qu'il ne voit pas non plus.

Passons à la couleur.

La couleur existe parce que notre œil est constitué de telle sorte qu'il transmet au cerveau, sous forme de couleur, les diverses façons dont les corps absorbent et décomposent, suivant leur constitution chimique, les rayons lumineux qui les frappent.

Toutes les proportions de cette absorption et de cette décomposition constituent les nuances.

Donc cet organe impose à l'esprit sa manière de voir, ou mieux sa façon arbitraire de constater les dimensions et d'apprécier les rapports de la lumière et de la matière.

Examinons l'ouïe.

Plus encore qu'avec l'œil, nous sommes les jouets et les dupes de cet organe fantaisiste.

Deux corps se heurtant produisent un certain ébranlement de l'atmosphère. Ce mouvement fait tressaillir dans notre oreille une certaine petite peau qui change immédiatement en bruit ce qui n'est, en réalité, qu'une vibration.

La nature est muette. Mais le tympan possède la propriété miraculeuse de nous transmettre sous forme de sens, et de sens différents suivant le nombre des vibrations, tous les frémissements des ondes invisibles de l'espace.

Cette métamorphose accomplie par le nerf auditif dans le court trajet de l'oreille au cerveau nous a permis de créer un art étrange, la musique, le plus poétique et le plus précis des arts, vague comme un songe et exact comme l'algèbre.

Que dire du goût et de l'odorat? Connaîtrions-nous les parfums et la qualité des nourritures sans les propriétés bizarres de notre nez et de notre palais?

L'humanité pourrait exister cependant sans l'oreille, sans le goût et sans l'odorat, c'est-à-dire sans aucune notion du bruit, de la saveur et de l'odeur.

Donc, si nous avions quelques organes de moins, nous ignorerions d'admirables et singulières choses, mais si nous avions quelques organes de plus, nous découvririons autour de nous une infinité d'autres choses que nous ne soupçonnerons jamais faute de moyen de les constater.

Donc, nous nous trompons en jugeant le Connu, et nous sommes entourés d'Inconnu inexploré.

Donc, tout est incertain et appréciable de manières différentes.

Tout est faux, tout est possible, tout est douteux.

Formulons cette certitude en nous servant du vieux dicton:

«Vérité en deçà des Pyrénées, erreur au delà.»[75]

Et disons: vérité dans notre organe, erreur à côté.

Deux et deux ne doivent plus faire quatre en dehors de notre atmosphère.

Vérité sur la terre, erreur plus loin, d'où je conclus que les mystères entrevus comme l'électricité, le sommeil hypnotique, la transmission de la volonté, la suggestion, tous les phénomènes magnétiques, ne nous demeurent cachés, que parce que la nature ne nous a pas fourni l'organe, ou les organes nécessaires pour les comprendre.

Après m'être convaincu que tout ce que me révèlent mes sens n'existe que pour moi tel que je le perçois et serait totalement différent pour un autre être autrement organisé, après en avoir conclu qu'une humanité diversement faite aurait sur le monde, sur la vie, sur tout, des idées absolument opposées aux nôtres, car l'accord des croyances ne résulte que de la similitude des organes humains, et les divergences d'opinions ne proviennent que des légères différences de fonctionnement de nos filets nerveux, j'ai fait un effort de pensée surhumain pour soupçonner l'impénétrable qui m'entoure.

Suis-je devenu fou?

Je me suis dit: «Je suis enveloppé de choses inconnues.»

J'ai supposé l'homme sans oreilles et soupçonnant le son comme nous soupçonnons tant de mystères cachés, l'homme constatant des phénomènes acoustiques dont il ne pourrait déterminer ni la nature, ni la provenance. Et j'ai eu peur de tout, autour de moi, peur de l'air, peur de la nuit. Du moment que nous ne pouvons connaître presque rien, et du moment que tout est sans limites, quel est le reste? Le vide n'est pas? Qu'y a-t-il dans le vide apparent?

Et cette terreur confuse du surnaturel qui hante l'homme depuis la naissance du monde est légitime puisque le surnaturel n'est pas autre chose que ce qui nous demeure voilé!

Alors j'ai compris l'épouvante. Il m'a semblé que je touchais sans cesse à la découverte d'un secret de l'univers.

J'ai tenté d'aiguiser mes organes, de les exciter, de leur faire percevoir par moments l'invisible.

Je me suis dit: «Tout est un être. Le cri qui passe dans l'air est un être comparable à la bête puisqu'il naît, produit un mouvement, se transforme encore pour mourir. Or, l'esprit craintif qui croit à des êtres incorporels n'a donc pas tort. Qui sont-ils?»

Combien d'hommes les pressentent, frémissent à leur approche, tremblent à leur inappréciable contact. On les sent auprès de soi, autour de soi, mais on ne les peut distinguer, car nous n'avons pas l'œil qui les verrait, ou plutôt l'organe inconnu qui pourrait les découvrir.

Alors, plus que personne, je les sentais, moi, ces passants surnaturels. Etres ou mystères? Le sais-je? Je ne pourrais dire ce qu'ils sont, mais je pourrais toujours signaler leur présence. Et j'ai vu – j'ai vu un être invisible – autant qu'on peut les voir, ces êtres.

Je demeurais des nuits entières immobile, assis devant ma table, la tête dans mes mains et songeant à cela, songeant à eux. Souvent j'ai cru qu'une main intangible, ou plutôt qu'un corps insaisissable, m'effleurait légèrement les cheveux. Il ne me touchait pas, n'étant point d'essence charnelle, mais d'essence impondérable, inconnaissable.

Or, un soir, j'ai entendu craquer mon parquet derrière moi. Il a craqué d'une façon singulière. J'ai frémi. Je me suis tourné. Je n'ai rien vu. Et je n'y ai plus songé.

Mais le lendemain, à la même heure, le même bruit s'est produit. J'ai eu tellement peur que je me suis levé, sûr, sûr, sûr, que je n'étais pas seul dans ma chambre. On ne voyait rien pourtant. L'air était limpide, transparent partout. Mes deux lampes éclairaient tous les coins.

Le bruit ne recommença pas et je me calmai peu à peu; je restais inquiet cependant, je me retournais souvent.

Le lendemain je m'enfermai de bonne heure, cherchant comment je pourrais parvenir à voir l'Invisible qui me visitait.

Et je l'ai vu. J'en ai failli mourir de terreur.

J'avais allumé toutes les bougies de ma cheminée et de mon lustre. La pièce était éclairée comme pour une fête. Mes deux lampes brûlaient sur ma table.

En face de moi, mon lit, un vieux lit de chêne à colonnes. A droite, ma cheminée. A gauche, ma porte que j'avais fermée au verrou. Derrière moi, une très grande armoire à glace. Je me regardai dedans. J'avais des yeux étranges et les pupilles très dilatées.

Puis je m'assis comme tous les jours.

Le bruit s'était produit, la veille et l'avant-veille, à neuf heures vingt-deux minutes. J'attendis. Quand arriva le moment précis, je perçus une indesciptible sensation, comme si un fluide, un fluide irrésistible eût pénétré en moi par toutes les parcelles de ma chair, noyant mon âme dans une épouvante atroce et bonne. Et le craquement se fit, tout contre moi.

Je me dressai en me tournant si vite que je faillis tomber. On y voyait comme en plein jour, et je ne me vis pas dans la glace! Elle était vide, claire, pleine de lumière. Je n'était pas dedans, et j'étais en face, cependant. Je la regardais avec des yeux affolés. Je n'osais pas aller vers elle, sentant bien qu'il était entre nous, lui, l'Invisible, et qu'il me cachait.

Oh! comme j'eus peur! Et voilà que je commençai à l'apercevoir dans une brume au fond du miroir, dans une brume comme à travers de l'eau; et il me semblait que cette eau glissait de gauche à droite, lentement, me rendant plus précis de seconde en seconde. C'était comme la fin d'une éclipse. Ce qui me cachait n'avait pas de contours, mais une sorte de transparence opaque s'éclaircissant peu à peu.

Et je pus enfin me distinguer nettement, ainsi que je le fais tous les jours en me regardant.

Je l'avais donc vu!

Et je ne l'ai pas revu.

Mais je l'attends sans cesse, et je sens que ma tête s'égare dans cette attente.

Je reste pendant des heures, des nuits, des jours, des semaines, devant ma glace, pour l'attendre! Il ne vient plus.

Il a compris que je l'avais vu. Mais moi je sens que je l'attendrai toujours, jusqu'à la mort, que je l'attendrai sans repos, devant cette glace, comme un chasseur à l'affût.

Et, dans cette glace, je commence à voir des images folles, des monstres, des cadavres hideux, toutes sortes de bêtes effroyables, d'êtres atroces, toutes les visions invraisemblables qui doivent hanter l'esprit des fous.

Voilà ma confession, mon cher docteur. Dites-moi ce que je dois faire?

# 8

# *La Partie de billard*

## Alphonse Daudet (1840-97)

Comme on se bat depuis deux jours et qu'ils ont passé la nuit sac au dos sous une pluie torrentielle, les soldats sont exténués. Pourtant voilà trois mortelles heures qu'on les laisse se morfondre, l'arme au pied, dans les flaques des grandes routes, dans la boue des champs détrempés.

Alourdis par la fatigue, les nuits passées, les uniformes pleins d'eau, ils se serrent les uns contre les autres pour se réchauffer, pour se soutenir. Il y en a qui dorment tout debout, appuyés au sac d'un voisin, et la lassitude, les privations se voient mieux sur ces visages détendus, abandonnés dans le sommeil. La pluie, la boue, pas de feu, pas de soupe, un ciel bas et noir, l'ennemi qu'on sent tout autour. C'est lugubre…

Qu'est-ce qu'on fait là. Qu'est-ce qui se passe?

Les canons, la gueule tournée vers le bois, ont l'air de guetter quelque chose. Les mitrailleuses embusquées regardent fixement l'horizon. Tout semble prêt pour une attaque. Pourquoi n'attaque-t-on pas? Qu'est-ce qu'on attend?…

On attend des ordres, et le quartier général n'en envoie pas.

Il n'est pas loin cependant le quartier général. C'est ce beau château Louis XIII[76] dont les briques rouges, lavées par la pluie, luisent à mi-côte entre les massifs. Vraie demeure princière, bien digne de porter le fanion d'un maréchal de France. Derrière un grand fossé et une rampe de pierre qui les séparent de la route, les pelouses montent tout droit jusqu'au perron, unies et vertes, bordées de vases fleuris. De l'autre côté, du côté intime de la maison, les charmilles font des trouées lumineuses, la pièce d'eau où nagent des cygnes s'étale comme un miroir, et sous le toit en pagode d'une immense volière, lançant des cris aigus dans le feuillage, des paons, des faisans dorés battent des ailes et font la roue. Quoique les maîtres soient partis, on ne sent pas là l'abandon, le grand lâchez-tout de la guerre. L'oriflamme du chef de l'armée a préservé jusqu'aux moindres fleurettes des pelouses, et c'est quelque chose de saisissant de trouver, si près du champ de bataille, ce calme opulent qui vient de l'ordre des choses, de l'alignement correct des massifs, de la profondeur silencieuse des avenues.

La pluie, qui tasse là-bas de si vilaine boue sur les chemins et creuse des ornières si profondes, n'est plus ici qu'une ondée élégante, aristocratique, avivant la rougeur des briques, le vert des pelouses, lustrant les feuilles des orangers, les plumes blanches des cygnes. Tout reluit, tout est paisible. Vraiment, sans le drapeau qui flotte à la crête du toit, sans les deux soldats en faction devant la grille, jamais on ne se croirait au quartier général. Les chevaux reposent dans les écuries. Çà et là on rencontre des brosseurs, des ordonnances en petite tenue flânant aux abords des cuisines, ou quelque jardinier en pantalon rouge promenant tranquillement son râteau dans le sable des grandes cours.

La salle à manger, dont les fenêtres donnent sur le perron, laisse voir une table à moitié desservie, des bouteilles débouchées, des verres ternis et vides, blafards sur la nappe froissée, toute une fin de repas, les convives partis. Dans la pièce à côté, on entend des éclats de voix, des rires, des billes qui roulent, des verres qui se choquent. Le maréchal est en train de faire sa partie, et voilà pourquoi l'armée attend des ordres. Quand le maréchal a commencé sa partie, le ciel peut bien crouler, rien au monde ne saurait l'empêcher de la finir.

Le billard!

C'est sa faiblesse à ce grand homme de guerre. Il est là, sérieux comme à la bataille, en grande tenue, la poitrine couverte de plaques, l'œil brillant, les pommettes enflammées, dans l'animation du repas, du jeu, des grogs. Ses aides de camp l'entourent, empressés, respectueux, se pâmant d'admiration à chacun de ses coups. Quand le maréchal fait un point, tous se précipitent vers la marque; quand le maréchal a soif, tous veulent lui préparer son grog. C'est un froissement d'épaulettes et de panaches, un cliquetis de croix et d'aiguillettes, et de voir tous ces jolis sourires, ces fines révérences de courtisans, tant de broderies et d'uniformes neufs, dans cette haute salle à boiseries de chêne, ouverte sur des parcs, sur des cours d'honneur, cela rappelle les automnes de Compiègne[77] et repose un peu des capotes souillées qui se morfondent là-bas, au long des routes, et font des groupes si sombres sous la pluie.

Le partenaire du maréchal est un petit capitaine d'état-major, sanglé, frisé, ganté de clair, qui est de première force au billard et capable de rouler tous les maréchaux de la terre, mais il sait se tenir à une distance respectueuse de son chef, et s'applique à ne pas gagner, à ne pas perdre non plus trop facilement. C'est ce qu'on appelle un officier d'avenir…

«Attention, jeune homme, tenons-nous bien. Le maréchal en a quinze et vous dix. Il s'agit de mener la partie jusqu'au bout comme cela, et vous aurez fait plus pour votre avancement que si vous étiez dehors avec les autres, sous ces torrents d'eau qui noient l'horizon, à salir votre bel uniforme, à ternir l'or de vos aiguillettes, attendant des ordres qui ne viennent pas.»

C'est une partie vraiment intéressante. Les billes courent, se frôlent, croisent leurs couleurs. Les bandes rendent bien, le tapis s'échauffe… Soudain la flamme d'un coup de canon passe dans le ciel. Un bruit sourd fait trembler les vitres. Tout le monde tressaille; on se regarde avec inquiétude. Seul le maréchal n'a rien vu, rien entendu: penché sur le billard, il est en train de combiner un magnifique effet de recul; c'est son fort, à lui, les effets de recul!…

Mais voilà un nouvel éclair, puis un autre. Les coups de canons se succèdent, se précipitent. Les aides de camp courent aux fenêtres. Est-ce que les Prussiens attaqueraient?

«Eh bien, qu'ils attaquent! dit le maréchal en mettant du blanc… A vous de jouer, capitaine.»

L'état-major frémit d'admiration. Turenne[78] endormi sur un affût n'est rien auprès de ce maréchal, si calme devant son billard au moment de l'action… Pendant ce temps, le vacarme redouble. Aux secousses du canon se mêlent les déchirements des mitrailleuses, les roulements des feux de peloton. Une buée rouge, noire sur les bords, monte au bout des pelouses. Tout le fond du parc est embrasé. Les paons, les faisans effarés clament dans la volière; les chevaux arabes, sentant la poudre, se cabrent au fond des écuries. Le quartier général commence à s'émouvoir. Dépêches sur dépêches. Les estafettes arrivent à bride abattue. On demande le maréchal.

Le maréchal est inabordable. Quand je vous disais que rien ne pourrait l'empêcher d'achever sa partie.

«A vous de jouer, capitaine.»

Mais le capitaine a des distractions. Ce que c'est pourtant que d'être jeune! Le voilà qui perd la tête, oublie son jeu et fait coup sur coup deux séries, qui lui donnent presque partie gagnée. Cette fois le maréchal devient furieux. La surprise, l'indignation éclatent sur son mâle visage. Juste à ce moment, un cheval lancé ventre à terre s'abat dans la cour. Un aide de camp couvert de boue force la consigne, franchit le perron d'un saut: «Maréchal! maréchal!…» Il faut voir comme il est reçu… Tout bouffant de colère et rouge comme un coq, le maréchal paraît à la fenêtre, sa queue de billard à la main:

«Qu'est-ce qu'il y a?… Qu'est-ce que c'est?… Il n'y a donc pas de factionnaire par ici?

– Mais, maréchal…

– C'est bon… Tout à l'heure… Qu'on attende mes ordres, nom d… D…!»

Et la fenêtre se referme avec violence.

Qu'on attende ses ordres!

C'est bien ce qu'ils font, les pauvres gens. Le vent leur chasse la pluie et la mitraille en pleine figure. Des bataillons entiers sont écrasés, pendant que d'autres restent, inutiles, l'arme au bras, sans pouvoir se rendre compte de leur inaction. Rien à faire. On attend des ordres… Par exemple, comme on n'a pas besoin d'ordres pour mourir, les hommes tombent par centaines derrière les buissons, dans les fossés, en face du grand château silencieux. Même tombés, la mitraille les déchire encore, et par leurs blessures ouvertes coule sans bruit le sang généreux de la France… Là-haut dans la salle de billard, cela chauffe terriblement: le maréchal a repris son avance; mais le petit capitaine se défend comme un lion…

Dix-sept! dix-huit! dix-neuf!…

A peine a-t-on le temps de marquer les points. Le bruit de la bataille se rapproche. Le maréchal ne joue plus que pour un. Déjà des obus arrivent dans le parc. En voilà un qui éclate au-dessus de la pièce d'eau. Le miroir s'éraille; un cygne nage, épeuré, dans un tourbillon de plumes sanglantes. C'est le dernier coup…

Maintenant, un grand silence. Rien que la pluie qui tombe sur les charmilles, un roulement confus au bas du coteau, et, par les chemins détrempés, quelque chose comme le piétinement d'un troupeau qui se hâte… L'armée est en pleine déroute. Le maréchal a gagné sa partie.

# 9

# *Jacques Damour*

## Emile Zola (1840-1902)

### I

Là-bas, à Nouméa,[79] lorsque Jacques Damour regardait l'horizon vide de la mer, il croyait y voir parfois toute son histoire, les misères du siège, les colères de la Commune,[80] puis cet arrachement qui l'avait jeté si loin, meurtri et comme assommé. Ce n'était pas une vision nette, des souvenirs où il se plaisait et s'attendrissait, mais la sourde rumination d'une intelligence obscurcie, qui revenait d'elle-même à certains faits restés debout et précis, dans l'écroulement du reste.

A vingt-six ans, Jacques avait épousé Félicie, une grande belle fille de dix-huit ans, la nièce d'une fruitière de La Villette,[81] qui lui louait une chambre. Lui, était ciseleur sur métaux et gagnait jusqu'à des douze francs par jour; elle, avait d'abord été couturière; mais, comme ils eurent tout de suite un garçon, elle arriva bien juste à nourrir le petit et à soigner le ménage. Eugène poussait gaillardement. Neuf ans plus tard, une fille vint à son tour; et celle-là, Louise, resta longtemps si chétive, qu'ils dépensèrent beaucoup en médecins et en drogues. Pourtant, le ménage n'était pas malheureux. Damour faisait bien parfois le lundi;[82] seulement, il se montrait raisonnable, allait se coucher, s'il avait trop bu, et retournait le lendemain au travail, en se traitant lui-même de propre-à-rien. Dès l'âge de douze ans, Eugène fut mis à l'étau. Le gamin savait à peine lire et écrire, qu'il gagnait déjà sa vie. Félicie, très propre, menait la maison en femme adroite et prudente, un peu «chienne» peut-être, disait le père, car elle leur servait des légumes plus souvent que de la viande, pour mettre des sous de côté, en cas de malheur. Ce fut leur meilleure époque. Ils habitaient, à Ménilmontant,[83] rue des Envierges, un logement de trois pièces, la chambre du père et de la mère, celle d'Eugène, et une salle à manger où ils avaient installé les étaux, sans compter la cuisine et un cabinet pour Louise. C'était au fond d'une cour, dans un petit bâtiment; mais ils avaient tout de même de l'air, car leurs fenêtres ouvraient sur un chantier de démolitions, où, du matin au soir, des charrettes venaient décharger des tas de décombres et de vieilles planches.

Lorsque la guerre éclata, les Damour habitaient la rue des Envierges depuis dix ans. Félicie, bien qu'elle approchât de la quarantaine, restait jeune, un peu engraissée, d'une rondeur d'épaules et de hanches qui en faisait la belle femme du quartier. Au contraire, Jacques s'était comme séché, et les huit années qui les séparaient le montraient déjà vieux à côté d'elle. Louise, tirée de danger, mais toujours délicate, tenait de son père, avec ses maigreurs de fillette; tandis qu'Eugène, alors âgé de dix-neuf ans, avait la taille haute et le dos large de sa mère. Ils vivaient très unis, en dehors des quelques lundis où le père et le fils s'attardaient chez les marchands de vin. Félicie boudait, furieuse des sous mangés. Même, à deux ou trois reprises, ils se battirent; mais cela ne tirait point à conséquence, c'était la faute du vin, et il n'y avait pas dans la maison de famille plus rangée. On les citait pour le bon exemple. Quand les Prussiens marchèrent sur Paris, et que le terrible chômage commença, ils possédaient plus de mille francs à la Caisse d'épargne. C'était beau, pour des ouvriers qui avaient élevé deux enfants.

Les premiers mois du siège ne furent donc pas très durs. Dans la salle à manger, où les étaux dormaient, on mangeait encore du pain blanc et de la viande.[84] Apitoyé par la misère d'un voisin, un grand diable de peintre en bâtiment nommé Berru et qui crevait de faim, Damour put même lui faire la charité de l'inviter à dîner parfois; et bientôt le camarade vint matin et soir. C'était un farceur ayant le mot pour rire, si bien qu'il finit par désarmer Félicie, inquiète et révoltée devant cette large bouche qui engloutissait les meilleurs morceaux. Le soir, on jouait aux cartes, en tapant sur les Prussiens. Berru, patriote, parlait de creuser des mines, des souterrains dans la campagne, et d'aller ainsi jusque sous leurs batteries de Châtillon et de Montretout, afin de les faire sauter. Puis, il tombait sur le gouvernement, un tas de lâches qui, pour ramener Henri V,[85] voulaient ouvrir les portes de Paris à Bismarck. La République de ces traîtres lui faisait hausser les épaules. Ah! la République! Et, les deux coudes sur la table, sa courte pipe à la bouche, il expliquait à Damour son gouvernement à lui, tous frères, tous libres, la richesse à tout le monde, la justice et l'égalité régnant partout, en haut et en bas.

«Comme en 93», ajoutait-il carrément, sans savoir.[86]

Damour restait grave. Lui aussi était républicain, parce que, depuis le berceau, il entendait dire autour de lui que la République serait un jour le triomphe de l'ouvrier, le bonheur universel. Mais il n'avait pas d'idée arrêtée sur la façon dont les choses devaient se passer. Aussi écoutait-il Berru avec attention, trouvant qu'il raisonnait très bien, et que, pour sûr, la République arriverait comme il le disait. Il s'enflammait, il croyait fermement que, si Paris entier, les hommes, les femmes, les enfants, avaient marché sur Versailles en chantant *La Marseillaise*,[87] on aurait culbuté les Prussiens, tendu la main à la province et fondé le gouvernement du peuple, celui qui devait donner des rentes à tous les citoyens.

«Prends garde, répétait Félicie pleine de méfiance, ça finira mal, avec ton Berru. Nourris-le, puisque ça te fait plaisir; mais laisse-le aller se faire casser la tête tout seul.»

Elle aussi voulait la République. En 48, son père était mort sur une barricade.[88] Seulement, ce souvenir, au lieu de l'affoler, la rendait raisonnable. A la place du peuple, elle savait, disait-elle, comment elle forcerait le gouvernement à être juste: elle se conduirait très bien. Les discours de Berru l'indignaient et lui faisaient peur, parce qu'ils ne lui semblaient pas honnêtes. Elle voyait que Damour changeait, prenait des façons, employait des mots, qui ne lui plaisaient guère. Mais elle était plus inquiète encore de l'air ardent et sombre dont son fils Eugène écoutait Berru. Le soir, quand Louise s'était endormie sur la table, Eugène croisait les bras, buvait lentement un petit verre d'eau-de-vie, sans parler, les yeux fixés sur le peintre, qui rapportait toujours de Paris quelque histoire extraordinaire de traîtrise: des bonapartistes[89] faisant, de Montmartre, des signaux aux Allemands, ou bien des sacs de farine et des barils de poudre noyés dans la Seine, pour livrer la ville plus tôt.

«En voilà des cancans! disait Félicie à son fils, quand Berru s'était décidé à partir. Ne va pas te monter la tête, toi! Tu sais qu'il ment.

– Je sais ce que je sais», répondait Eugène avec un geste terrible.

Vers le milieu de décembre, les Damour avaient mangé leurs économies. A chaque heure, on annonçait une défaite des Prussiens en province, une sortie victorieuse qui allait enfin délivrer Paris; et le ménage ne fut pas effrayé d'abord, espérant sans cesse que le travail reprendrait. Félicie faisait des miracles, on vécut au jour le jour de ce pain noir du siège, que seule la petite Louise ne pouvait digérer. Alors, Damour et Eugène achevèrent de se monter la tête, ainsi que disait la mère. Oisifs du matin au soir, sortis de leurs habitudes, et les bras mous depuis qu'ils avaient quitté l'étau, ils vivaient dans un malaise, dans un effarement plein d'imaginations baroques et sanglantes. Tous deux s'étaient bien mis d'un bataillon de marche; seulement, ce bataillon, comme beaucoup d'autres, ne sortit même pas des fortifications, caserné dans un poste où les hommes passaient les journées à jouer aux cartes. Et ce fut là que Damour, l'estomac vide, le coeur serré de savoir la misère chez lui, acquit la conviction, en écoutant les nouvelles des uns et des autres, que le gouvernement avait juré d'exterminer le peuple, pour être maître de la République. Berru avait raison: personne n'ignorait qu'Henri V était à Saint-Germain, dans une maison sur laquelle flottait un drapeau blanc.[90] Mais ça finirait. Un de ces quatre matins, on allait leur flanquer des coups de fusil, à ces crapules qui affamaient et qui laissaient bombarder les ouvriers, histoire simplement de faire de la place aux nobles et aux prêtres. Quand Damour rentrait avec Eugène, tous deux enfiévrés par le coup de folie du dehors, ils ne parlaient plus que de tuer le monde, devant Félicie pâle et muette, qui soignait la petite Louise retombée malade, à cause de la mauvaise nourriture.

Cependant, le siège s'acheva, l'armistice fut conclu, et les Prussiens défilèrent dans les Champs-Élysées. Rue des Envierges, on mangea du pain blanc, que Félicie était allée chercher à Saint-Denis. Mais le dîner fut sombre. Eugène, qui avait voulu voir les Prussiens, donnait des détails, lorsque Damour, brandissant une fourchette, cria furieusement qu'il aurait fallu guillotiner tous les généraux. Félicie se fâcha et lui arracha la fourchette. Les jours suivants, comme le travail ne reprenait toujours pas, il se décida à se remettre à l'étau pour son compte: il avait quelques pièces fondues, des flambeaux, qu'il voulait soigner, dans l'espoir de les vendre. Eugène, ne pouvant tenir en place, lâcha la besogne, au bout d'une heure. Quant à Berru, il avait disparu depuis l'armistice; sans doute, il était tombé ailleurs sur une meilleure table. Mais, un matin, il se présenta très allumé, il raconta l'affaire des canons de Montmartre.[91] Des barricades s'élevaient partout, le triomphe du peuple arrivait enfin; et il venait chercher Damour, en disant qu'on avait besoin de tous les bons citoyens. Damour quitta son étau, malgré la figure bouleversée de Félicie. C'était la Commune.

Alors, les journées de mars, d'avril et de mai se déroulèrent. Lorsque Damour était las et que sa femme le suppliait de rester à la maison, il répondait:

«Et mes trente sous? Qui nous donnera du pain?»

Félicie baissait la tête. Ils n'avaient, pour manger, que les trente sous du père et les trente sous du fils, cette paie de la garde nationale[92] que des distributions de vin et de viande salée augmentaient parfois. Du reste, Damour était convaincu de son droit, il tirait sur les Versaillais comme il aurait tiré sur les Prussiens, persuadé qu'il sauvait la République et qu'il assurait le bonheur du peuple. Après les fatigues et les misères du siège, l'ébranlement de la guerre civile le faisait vivre dans un cauchemar de tyrannie, où il se débattait en héros obscur, décidé à mourir pour la défense de la liberté. Il n'entrait pas dans les complications théoriques de l'idée communaliste. A ses yeux, la Commune était simplement l'âge d'or annoncé, le commencement de la félicité universelle; tandis qu'il croyait, avec plus d'entêtement encore, qu'il y avait quelque part, à Saint-Germain ou à Versailles, un roi prêt à rétablir l'Inquisition et les droits des seigneurs, si on le laissait entrer dans Paris. Chez lui, il n'aurait pas été capable d'écraser un insecte; mais, aux avant-postes, il démolissait les gendarmes, sans un scrupule. Quand il revenait, harassé, noir de sueur et de poudre, il passait des heures auprès de la petite Louise, à l'écouter respirer. Félicie ne tentait plus de le retenir, elle attendait avec son calme de femme avisée la fin de tout ce tremblement.

Pourtant, un jour, elle osa faire remarquer que ce grand diable de Berru, qui criait tant, n'était pas assez bête pour aller attraper des coups de fusil. Il avait eu l'habileté d'obtenir une bonne place dans l'intendance; ce qui ne l'empêchait pas, quand il venait en uniforme, avec des plumets et des galons, d'exalter les idées de Damour par des discours où il parlait de fusiller les ministres, la Chambre, et toute la boutique, le jour où on irait les prendre à Versailles.[93]

«Pourquoi n'y va-t-il pas lui-même, au lieu de pousser les autres?» disait Félicie.

Mais Damour répondait:

«Tais-toi. Je fais mon devoir. Tant pis pour ceux qui ne font pas le leur!»

Un matin, vers la fin d'avril, on rapporta, rue des Envierges, Eugène sur un brancard. Il avait reçu une balle en pleine poitrine, aux Moulineaux. Comme on le montait, il expira dans l'escalier. Quand Damour rentra le soir, il trouva Félicie silencieuse auprès du cadavre de leur fils. Ce fut un coup terrible, il tomba par terre, et elle le laissa sangloter, assis contre le mur, sans rien lui dire, parce qu'elle ne trouvait rien, et que, si elle avait lâché un mot, elle aurait crié: «C'est ta faute!» Elle avait fermé la porte du cabinet, elle ne faisait pas de bruit, de peur d'effrayer Louise. Aussi alla-t-elle voir si les sanglots du père ne réveillaient pas l'enfant. Lorsqu'il se releva, il regarda longtemps, contre la glace, une photographie d'Eugène, où le jeune homme s'était fait représenter en garde national. Il prit une plume et écrivit au bas de la carte: «Je te vengerai», avec la date et sa signature. Ce fut un soulagement. Le lendemain, un corbillard drapé de grands drapeaux rouges conduisit le corps au Père-Lachaise,[94] suivi d'une foule énorme. Le père marchait tête nue, et la vue des drapeaux, cette pourpre sanglante qui assombrissait encore les bois noirs du corbillard, gonflait son cœur de pensées farouches. Rue des Envierges, Félicie était restée près de Louise. Dès le soir, Damour retourna aux avant-postes tuer des gendarmes.

Enfin, arrivèrent les journées de mai. L'armée de Versailles était dans Paris. Il ne rentra pas de deux jours, il se replia avec son bataillon, défendant les barricades, au milieu des incendies. Il ne savait plus, il tirait des coups de feu dans la fumée, parce que tel était son devoir. Le matin du troisième jour, il reparut rue des Envierges, en lambeaux, chancelant et hébété comme un homme ivre. Félicie le déshabillait et lui lavait les mains avec une serviette mouillée, lorsqu'une voisine dit que les communards tenaient encore dans le Père-Lachaise, et que les Versaillais ne savaient comment les en déloger.

«J'y vais», dit-il simplement.

Il se rhabilla, il reprit son fusil. Mais les derniers défenseurs de la Commune n'étaient pas sur le plateau, dans les terrains nus, où dormait Eugène. Lui, confusément, espérait se faire tuer sur la tombe de son fils. Il ne put même aller jusque-là. Des obus arrivaient, écornaient les grands tombeaux. Entre les ormes, cachés derrière les marbres qui blanchissaient au soleil, quelques gardes nationaux lâchaient encore des coups de feu sur les soldats, dont on voyait les pantalons rouges monter. Et Damour arriva juste à point pour être pris. On fusilla trente-sept de ses compagnons. Ce fut miracle s'il échappa à cette justice sommaire. Comme sa femme venait de lui laver les mains et qu'il n'avait pas tiré, peut-être voulut-on lui faire grâce. D'ailleurs, dans la stupeur de sa lassitude, assommé par tant d'horreurs, jamais il ne s'était rappelé les journées qui avaient suivi. Cela restait en lui à l'état de cauchemars confus: de longues heures passées dans des endroits obscurs, des marches accablantes au soleil, des cris, des coups, des foules béantes au travers desquelles il passait. Lorsqu'il sortit de cette imbécillité, il était à Versailles, prisonnier.

Félicie vint le voir, toujours pâle et calme. Quand elle lui eut appris que Louise allait mieux, ils restèrent muets, ne trouvant plus rien à se dire. En se retirant, pour lui donner du courage, elle ajouta qu'on s'occupait de son affaire et qu'on le tirerait de là. Il demanda:

«Et Berru?

– Oh! répondit-elle, Berru est en sûreté... Il a filé trois jours avant l'entrée des troupes, on ne l'inquiétera même pas.»

Un mois plus tard, Damour partait pour la Nouvelle-Calédonie. Il était condamné à la déportation simple. Comme il n'avait eu aucun grade, le conseil de guerre l'aurait peut-être acquitté, s'il n'avait avoué d'un air tranquille qu'il faisait le coup de feu depuis le premier jour. A leur dernière entrevue, il dit à Félicie:

«Je reviendrai. Attends-moi avec la petite.»

Et c'était cette parole que Damour entendait le plus nettement, dans la confusion de ses souvenirs, lorsqu'il s'appesantissait, la tête lourde, devant l'horizon vide de la mer. La nuit qui tombait le surprenait là parfois. Au loin, une tache claire restait longtemps, comme un sillage de navire, trouant les ténèbres croissantes; et il lui semblait qu'il devait se lever et marcher sur les vagues, pour s'en aller par cette route blanche, puisqu'il avait promis de revenir.

## II

A Nouméa, Damour se conduisait bien. Il avait trouvé du travail, on lui faisait espérer sa grâce. C'était un homme très doux, qui aimait à jouer avec les enfants. Il ne s'occupait plus de politique, fréquentait peu ses compagnons, vivait solitaire; on ne pouvait lui reprocher que de boire de loin en loin, et encore avait-il l'ivresse bonne enfant, pleurant à chaudes larmes, allant se coucher de lui-même. Sa grâce paraissait donc certaine, lorsqu'un jour il disparut. On fut stupéfait d'apprendre qu'il s'était évadé avec quatre de ses compagnons. Depuis deux ans, il avait reçu plusieurs lettres de Félicie, d'abord régulières, bientôt plus rares et sans suite. Lui-même écrivait assez souvent. Trois mois se passèrent sans nouvelles. Alors, un désespoir l'avait pris, devant cette grâce qu'il lui faudrait peut-être attendre deux années encore; et il avait tout risqué, dans une de ces heures de fièvre dont on se repent le lendemain. Une semaine plus tard, on trouva sur la côte, à quelques lieues, une barque brisée et les cadavres de trois des fugitifs, nus et décomposés déjà, parmi lesquels des témoins affirmèrent qu'ils reconnaissaient Damour. C'étaient la même taille et la même barbe. Après une enquête sommaire, les formalités eurent lieu, un acte de décès fut dressé, puis envoyé en France sur la demande de la veuve, que l'Administration avait avertie. Toute la presse s'occupa de l'aventure, un récit très dramatique de l'évasion et de son dénouement tragique passa dans les journaux du monde entier.

Cependant, Damour vivait. On l'avait confondu avec un de ses compagnons, et cela d'une façon d'autant plus surprenante que les deux hommes ne se ressemblaient pas. Tous deux, simplement, portaient leur barbe longue. Damour et le quatrième évadé, qui avait survécu comme par miracle, se séparèrent, dès qu'ils furent arrivés sur une terre anglaise; ils ne se revirent jamais, sans doute l'autre mourut de la fièvre jaune, qui faillit emporter Damour lui-même. Sa première pensée avait été de prévenir Félicie par une lettre. Mais un journal étant tombé entre ses mains, il y trouva le récit de son évasion et la nouvelle de sa mort. Dès ce moment, une lettre lui parut imprudente; on pouvait l'intercepter, la lire, arriver ainsi à la vérité. Ne valait-il pas mieux rester mort pour tout le monde? Personne ne s'inquiéterait plus de lui, il rentrerait librement en France, où il attendrait l'amnistie pour se faire reconnaître. Et ce fut alors qu'une terrible attaque de fièvre jaune le retint pendant des semaines, dans un hôpital perdu.

Lorsque Damour entra en convalescence, il éprouva une paresse invincible. Pendant plusieurs mois, il resta très faible encore et sans volonté. La fièvre l'avait comme vidé de tous ses désirs anciens. Il ne souhaitait rien, il se demandait à quoi bon. Les images de Félicie et de Louise s'étaient effacées. Il les voyait bien toujours, mais très loin, dans un brouillard, où il hésitait parfois à les reconnaître. Sans doute, dès qu'il serait fort, il partirait pour les rejoindre. Puis, quand il fut enfin debout, un autre plan l'occupa tout entier. Avant d'aller retrouver sa femme et sa fille, il rêva de gagner une fortune. Que ferait-il à Paris? il crèverait de faim, il serait obligé de se remettre à son étau, et peut-être même ne trouverait-il plus de travail, car il se sentait terriblement vieilli. Au contraire, s'il passait en Amérique, en quelques mois il amasserait une centaine de mille francs, chiffre modeste auquel il s'arrêtait, au milieu des histoires prodigieuses de millions dont bourdonnaient ses oreilles. Dans une mine d'or qu'on lui indiquait, tous les hommes, jusqu'aux plus humbles terrassiers, roulaient carrosse au bout de six mois. Et il arrangeait déjà sa vie: il rentrait en France avec ses cent mille francs, achetait une petite maison du côté de Vincennes, vivait là de trois ou quatre mille francs de rente, entre Félicie et Louise, oublié, heureux, débarrassé de la politique. Un mois plus tard, Damour était en Amérique.

Alors, commença une existence trouble qui le roula au hasard, dans un flot d'aventures à la fois étranges et vulgaires. Il connut toutes les misères, il toucha à toutes les fortunes. Trois fois, il crut avoir enfin ses cent mille francs; mais tout coulait entre ses doigts, on le volait, il se dépouillait lui-même dans un dernier effort. En somme, il souffrit, travailla beaucoup, et resta sans une chemise. Après des courses aux quatre points du monde, les événements le jetèrent en Angleterre. De là, il tomba à Bruxelles, à la frontière même de la France. Seulement, il ne songeait plus à y rentrer. Dès son arrivée en Amérique, il avait fini par écrire à Félicie. Trois lettres étant restées sans réponse, il en était réduit aux suppositions: ou l'on interceptait ses lettres, ou sa femme était morte, ou elle avait elle-même quitté Paris. A un an de distance, il fit encore une tentative inutile. Pour ne pas se vendre, si l'on ouvrait ses lettres, il écrivait sous un nom supposé, entretenant Félicie d'une affaire imaginaire, comptant bien qu'elle reconnaîtrait son écriture et qu'elle comprendrait. Ce grand silence avait comme endormi ses souvenirs. Il était mort, il n'avait personne au monde, plus rien n'importait. Pendant près d'un an, il travailla dans une mine de charbon, sous terre, ne voyant plus le soleil, absolument supprimé, mangeant et dormant, sans rien désirer au-delà.

Un soir, dans un cabaret, il entendit un homme dire que l'amnistie venait d'être votée et que tous les Communards rentraient.[95] Cela l'éveilla. Il reçut une secousse, il éprouva un besoin de partir avec les autres, d'aller revoir là-bas la rue où il avait logé. Ce fut d'abord une simple poussée instinctive. Puis, dans le wagon qui le ramenait, sa tête travailla, il songea qu'il pouvait maintenant reprendre sa place au soleil, s'il parvenait à découvrir Félicie et Louise. Des espoirs lui remontaient au coeur; il était libre, il les chercherait ouvertement; et il finissait par croire qu'il allait les retrouver bien tranquilles, dans leur logement de la rue des Envierges, la nappe mise, comme si elles l'avaient attendu. Tout s'expliquerait, quelque malentendu très simple. Il irait à sa mairie, se nommerait, et le ménage recommencerait sa vie d'autrefois.

A Paris, la gare du Nord était pleine d'une foule tumultueuse. Des acclamations s'élevèrent, dès que les voyageurs parurent, un enthousiasme fou, des bras qui agitaient des chapeaux, des bouches ouvertes qui hurlaient un nom. Damour eut peur un instant: il ne comprenait pas, il s'imaginait que tout ce monde était venu là pour le huer au passage. Puis, il reconnut le nom qu'on acclamait, celui d'un membre de la Commune qui se trouvait justement dans le même train, un contumace[96] illustre auquel le peuple faisait une ovation. Damour le vit passer, très engraissé, l'oeil humide, souriant, ému de cet accueil. Quand le héros fut monté dans un fiacre, la foule parla de dételer le cheval. On s'écrasait, le flot humain s'engouffra dans la rue La Fayette, une mer de têtes, au-dessus desquelles on aperçut longtemps le fiacre rouler lentement, comme un char de triomphe. Et Damour, bousculé, écrasé, eut beaucoup de peine à gagner les boulevards extérieurs. Personne ne faisait attention à lui. Toutes ses souffrances, Versailles, la traversée, Nouméa, lui revinrent, dans un hoquet d'amertume.

Mais, sur les boulevards extérieurs, un attendrissement le prit. Il oublia tout, il lui semblait qu'il venait de reporter du travail dans Paris, et qu'il rentrait tranquillement rue des Envierges. Dix années de son existence se comblaient, si pleines et si confuses, qu'elles lui semblaient, derrière lui, n'être plus que le simple prolongement du trottoir. Pourtant, il éprouvait quelque étonnement, dans ces habitudes d'autrefois où il rentrait avec tant d'aisance. Les boulevards extérieurs devaient être plus larges; il s'arrêta pour lire des enseignes, surpris de les voir là. Ce n'était pas la joie franche de poser le pied sur ce coin de terre regretté; c'était un mélange de tendresse, où chantaient des refrains de romance, et d'inquiétude sourde, l'inquiétude de l'inconnu, devant ces vieilles choses connues qu'il retrouvait. Son trouble grandit encore, lorsqu'il approcha de la rue des Envierges.

Il se sentait mollir, il avait des envies de ne pas aller plus loin, comme si une catastrophe l'attendait. Pourquoi revenir? Qu'allait-il faire là?

Enfin, rue des Envierges, il passa trois fois devant la maison, sans pouvoir entrer. En face, la boutique du charbonnier avait disparu; c'était maintenant une boutique de fruitière; et la femme qui était sur la porte lui sembla si bien portante, si carrément chez elle, qu'il n'osa pas l'interroger, comme il en avait eu l'idée d'abord. Il préféra risquer tout, en marchant droit à la loge de la concierge. Que de fois il avait ainsi tourné à gauche, au bout de l'allée, et frappé au petit carreau!

«Mme Damour, s'il vous plaît?

– Connais pas... Nous n'avons pas ça ici.»

Il était resté immobile. A la place de la concierge d'autrefois, une femme énorme, il avait devant lui une petite femme sèche, hargneuse, qui le regardait d'un air soupçonneux. Il reprit:

«Mme Damour demeurait au fond, il y a dix ans.

– Dix ans! cria la concierge. Ah! bien! il a passé de l'eau sous les ponts!... Nous ne sommes ici que du mois de janvier.

– Mme Damour a peut-être laissé son adresse.

– Non. Connais pas.»

Et, comme il s'entêtait, elle se fâcha, elle menaça d'appeler son mari.

«Ah! çà, finirez-vous de moucharder dans la maison!... Il y a un tas de gens qui s'introduisent...»

Il rougit et se retira en balbutiant, honteux de son pantalon effiloqué et de sa vieille blouse sale. Sur le trottoir, il s'en alla, la tête basse; puis, il revint, car il ne pouvait se décider à partir ainsi. C'était comme un adieu éternel qui le déchirait. On aurait pitié de lui, on lui donnerait quelque renseignement. Et il levait les yeux, regardait les fenêtres, examinait les boutiques, cherchant à se reconnaître. Dans ces maisons pauvres où les congés tombent dru comme grêle, dix années avaient suffi pour changer presque tous les locataires. D'ailleurs, une prudence lui restait, mêlée de honte, une sorte de sauvagerie effrayée, qui le faisait trembler à l'idée d'être reconnu. Comme il redescendait la rue, il aperçut enfin des figures de connaissance, la marchande de tabac, un épicier, une blanchisseuse, la boulangère où ils se fournissaient autrefois. Alors, pendant un quart d'heure, il hésita, se promena devant les boutiques, en se demandant dans laquelle il oserait entrer, pris d'une sueur, tellement il souffrait du combat qui se livrait en lui. Ce fut le cœur défaillant qu'il se décida pour la boulangère, une femme endormie, toujours blanche comme si elle sortait d'un sac de farine. Elle le regarda et ne bougea pas de son comptoir. Certainement, elle ne le reconnaissait pas, avec sa peau hâlée, son crâne nu, cuit par les grands soleils, sa longue barbe dure qui lui mangeait la moitié du visage. Cela lui rendit quelque hardiesse, et en payant un pain d'un sou, il se hasarda à demander:

«Est-ce que vous n'avez pas, parmi vos clientes, une femme avec une petite fille?... Mme Damour?»

La boulangère resta songeuse; puis, de sa voix molle:

«Ah! oui, autrefois, c'est possible... Mais il y a longtemps. Je ne sais plus... On voit tant de monde!»

Il dut se contenter de cette réponse. Les jours suivants, il revint, plus hardi, questionnant les gens; mais partout il trouva la même indifférence, le même oubli, avec des renseignements contradictoires qui l'égaraient davantage. En somme, il paraissait certain que Félicie avait quitté le quartier environ deux ans après son départ pour Nouméa, au moment même où il s'évadait. Et personne ne connaissait son adresse, les uns parlaient du Gros-Caillou, les autres de Bercy. On ne se souvenait même plus de la petite Louise. C'était fini, il s'assit un soir sur un banc du boulevard extérieur et se mit à pleurer, en se disant qu'il ne chercherait pas davantage. Qu'allait-il devenir? Paris lui semblait vide. Les quelques sous qui lui avaient permis de rentrer en France s'épuisaient. Un instant, il résolut de retourner en Belgique dans sa mine de charbon, où il faisait si noir et où il avait vécu sans un souvenir, heureux comme une bête, dans l'écrasement du sommeil de la terre. Pourtant, il resta, et il resta misérable, affamé, sans pouvoir se procurer du travail. Partout on le repoussait, on le trouvait trop vieux. Il n'avait que cinquante-cinq ans; mais on lui en donnait soixante-dix, dans le décharnement de ses dix années de souffrance. Il rôdait comme un loup, il allait avoir les chantiers des monuments brûlés par la Commune, cherchait les besognes que l'on confie aux enfants et aux infirmes. Un tailleur de pierre qui travaillait à l'Hôtel de Ville promettait de lui faire avoir la garde de leurs outils; mais cette promesse tardait à se réaliser, et il crevait de faim.

Un jour que, sur le pont Notre-Dame, il regardait couler l'eau avec le vertige des pauvres que le suicide attire, il s'arracha violemment du parapet et, dans ce mouvement, faillit renverser un passant, un grand gaillard en blouse blanche, qui se mit à l'injurier.

«Sacrée brute!»

Mais Damour était demeuré béant, les yeux fixés sur l'homme.

«Berru!» cria-t-il enfin.

C'était Berru en effet, Berru qui n'avait changé qu'à son avantage, la mine fleurie, l'air plus jeune. Depuis son retour, Damour avait souvent songé à lui; mais où trouver le camarade qui déménageait de garni tous les quinze jours? Cependant le peintre écarquillait les yeux, et quand l'autre se fut nommé, la voix tremblante, il refusa de le croire.

«Pas possible! Quelle blague!»

Pourtant il finit par le reconnaître, avec des exclamations qui commençaient à ameuter le trottoir.

«Mais tu étais mort!... Tu sais, si je m'attendais à celle-là! On ne se fiche pas du monde de la sorte... Voyons, voyons, est-ce bien vrai que tu es vivant?»

Damour parlait bas, le suppliant de se taire. Berru, qui trouvait ça très farce au fond, finit par le prendre sous le bras et l'emmena chez un marchand de vin de la rue Saint-Martin. Et il l'accablait de questions, il voulait savoir.

«Tout à l'heure, dit Damour, quand ils furent attablés dans un cabinet. Avant tout, et ma femme?»

Berru le regarda d'un air stupéfait.

«Comment, ta femme?

– Oui, où est-elle? Sais-tu son adresse?»

La stupéfaction du peintre augmentait. Il dit lentement:

«Sans doute, je sais son adresse... Mais toi tu ne sais donc pas l'histoire?

– Quoi? Quelle histoire?»

Alors, Berru éclata.

«Ah! celle-là est plus forte, par exemple! Comment! tu ne sais rien?... Mais ta femme est remariée, mon vieux!»

Damour, qui tenait son verre, le reposa sur la table, pris d'un tel tremblement, que le vin coulait entre ses doigts. Il les essuyait à sa blouse, et répétait d'une voix sourde:

«Qu'est-ce que tu dis? remariée, remariée... Tu es sûr?

– Parbleu! tu étais mort, elle s'est remariée; ça n'a rien d'étonnant... Seulement, c'est drôle, parce que voilà que tu ressuscites.»

Et, pendant que le pauvre homme restait pâle, les lèvres balbutiantes, le peintre lui donna des détails. Félicie, maintenant, était très heureuse. Elle avait épousé un boucher de la rue des Moines, aux Batignolles, un veuf dont elle conduisait joliment les affaires.[97] Sagnard, le boucher s'appelait Sagnard, était un gros homme de soixante ans, mais parfaitement conservé. A l'angle de la rue Nollet, la boutique, une des mieux achalandées du quartier, avait des grilles peintes en rouge, avec des têtes de bœuf dorées, aux deux coins de l'enseigne.

«Alors, qu'est-ce que tu vas faire?» répétait Berru, après chaque détail.

Le malheureux, que la description de la boutique étourdissait, répondait d'un geste vague de la main. Il fallait voir.

«Et Louise? demanda-t-il tout d'un coup.

– La petite? ah! je ne sais pas... Ils l'auront mise quelque part pour s'en débarrasser, car je ne l'ai pas vue avec eux... C'est vrai, ça, ils pourraient toujours te rendre l'enfant, puisqu'ils n'en font rien. Seulement, qu'est-ce que tu deviendrais, avec une gaillarde de vingt ans, toi qui n'as pas l'air d'être à la noce? Hein? sans te blesser, on peut bien dire qu'on te donnerait deux sous dans la rue.»

Damour avait baissé la tête, étranglé, ne trouvant plus un mot. Berru commanda un second litre et voulut le consoler.

«Voyons, que diable! puisque tu es en vie, rigole un peu. Tout n'est pas perdu, ça s'arrangera... Que vas-tu faire?»

Et les deux hommes s'enfoncèrent dans une discussion interminable, où les mêmes arguments revenaient sans cesse. Ce que le peintre ne disait pas, c'était que, tout de suite après le départ du déporté, il avait tâché de se mettre avec Félicie, dont les fortes épaules le séduisaient. Aussi gardait-il contre elle une sourde rancune de ce qu'elle lui avait préféré le boucher Sagnard, à cause de sa fortune sans doute. Quand il eut fait venir un troisième litre, il cria:

«Moi, à ta place, j'irais chez eux, et je m'installerais, et je flanquerais le Sagnard à la porte, s'il m'embêtait... Tu es le maître, après tout. La loi est pour toi.»

Peu à peu, Damour se grisait, le vin faisait monter des flammes à ses joues blêmes. Il répétait qu'il faudrait voir. Mais Berru le poussait toujours, lui tapait sur les épaules, en lui demandant s'il était un homme. Bien sûr qu'il était un homme; et il l'avait tant aimée, cette femme! Il l'aimait encore à mettre le feu à Paris, pour la ravoir. Eh bien! alors, qu'est-ce qu'il attendait? Puisqu'elle était à lui, il n'avait qu'à la reprendre. Les deux hommes, très gris, se parlaient violemment dans le nez.

«J'y vais! dit tout d'un coup Damour en se mettant péniblement debout.

– A la bonne heure! c'était trop lâche! cria Berru. J'y vais avec toi.»

Et ils partirent pour les Batignolles.

## III

Au coin de la rue des Moines et de la rue Nollet, la boutique, avec ses grilles rouges et ses têtes de bœuf dorées, avait un air riche. Des quartiers de bêtes pendaient sur des nappes blanches, tandis que des files de gigots, dans des cornets de papier à bordure de dentelle, comme des bouquets, faisaient des guirlandes. Il y avait des entassements de chair, sur les tables de marbre, des morceaux coupés et parés, le veau rose, le mouton pourpre, le bœuf écarlate, dans les marbrures de la graisse. Des bassins de cuivre, le fléau d'une balance, les crochets d'un râtelier, luisaient. Et c'était une abondance, un épanouissement de santé dans la boutique claire, pavée de marbre, ouverte au grand jour, une bonne odeur de viande fraîche qui semblait mettre du sang aux joues de tous les gens de la maison.

Au fond, en plein dans le coup de clarté de la rue, Félicie occupait un haut comptoir, où des glaces la protégeaient des courants d'air. Là-dedans, dans les gais reflets, dans la lueur rose de la boutique, elle était très fraîche, de cette fraîcheur pleine et mûre des femmes qui ont passé la quarantaine. Propre, lisse de peau, avec ses bandeaux noirs et son col blanc, elle avait la gravité souriante et affairée d'une bonne commerçante, qui, une plume à la main, l'autre main dans la monnaie du comptoir, représente l'honnêteté et la prospérité d'une maison. Des garçons coupaient, pesaient, criaient des chiffres; des clientes défilaient devant la caisse; et elle recevait leur argent, en échangeant d'une voix aimable les nouvelles du quartier. Justement, une petite femme, au visage maladif, payait deux côtelettes, qu'elle regardait d'un œil dolent.

«Quinze sous, n'est-ce pas? dit Félicie. Ça ne va donc pas mieux, madame Vernier?

– Non, ça ne va pas mieux, toujours l'estomac. Je rejette tout ce que je prends. Enfin, le médecin dit qu'il me faut de la viande; mais c'est si cher!... Vous savez que le charbonnier est mort.

– Pas possible!

– Lui, ce n'était pas l'estomac, c'était le ventre... Deux côtelettes, quinze sous! La volaille est moins chère.

– Dame! ce n'est pas notre faute, madame Vernier. Nous ne savons plus comment nous en tirer nous-mêmes... Qu'y a-t-il, Charles?»

Tout en causant et en rendant la monnaie, elle avait l'œil à la boutique, et elle venait d'apercevoir un garçon qui causait avec deux hommes sur le trottoir. Comme le garçon ne l'entendait pas, elle éleva la voix davantage.

«Charles, que demande-t-on?»

Mais elle n'attendit pas la réponse. Elle avait reconnu l'un des deux hommes qui entraient, celui qui marchait le premier.

«Ah! c'est vous, monsieur Berru.»

Et elle ne paraissait guère contente, les lèvres pincées dans une légère moue de mépris. Les deux hommes, de la rue Saint-Martin aux Batignolles, avaient fait plusieurs stations chez des marchands de vin, car la course était longue, et ils avaient la bouche sèche, causant très haut, discutant toujours. Aussi paraissaient-ils fortement allumés. Damour avait reçu un coup au cœur, sur le trottoir d'en face, lorsque Berru, d'un geste brusque, lui avait montré Félicie, si belle et si jeune, dans les glaces du comptoir, en disant: «Tiens! la v'là!» Ce n'était pas possible, ça devait être Louise qui ressemblait ainsi à sa mère; car, pour sûr, Félicie était plus vieille. Et toute cette boutique riche, les viandes qui saignaient, les cuivres qui luisaient, puis cette femme bien mise, l'air bourgeois, la main dans un tas d'argent, lui enlevaient sa colère et son audace, en lui causant une véritable peur. Il avait une envie de se sauver à toutes jambes, pris de honte, pâlissant à l'idée d'entrer là-dedans. Jamais cette dame ne consentirait maintenant à le reprendre, lui qui avait une si fichue mine, avec sa grande barbe et sa blouse sale. Il tournait les talons, il allait enfiler la rue des Moines, pour qu'on ne l'aperçût même pas, lorsque Berru le retint.

«Tonnerre de Dieu! tu n'as donc pas de sang dans les veines!... Ah! bien! à ta place, c'est moi qui ferais danser la bourgeoise! Et je ne m'en irais pas sans partager; oui, la moitié des gigots et du reste... Veux-tu bien marcher, poule mouillée!»

Et il avait forcé Damour à traverser la rue. Puis, après avoir demandé à un garçon si M. Sagnard était là, et ayant appris que le boucher se trouvait à l'abattoir, il était entré le premier, pour brusquer les choses. Damour le suivait, étranglé, l'air imbécile.

«Qu'y a-t-il pour votre service, monsieur Berru? reprit Félicie de sa voix peu engageante.

– Ce n'est pas moi, répondit le peintre, c'est le camarade qui a quelque chose à vous dire.»

Il s'était effacé, et maintenant Damour se trouvait face à face avec Félicie. Elle le regardait; lui, affreusement gêné, souffrant une torture, baissait les yeux. D'abord, elle eut sa moue de dégoût, son calme et heureux visage exprima une répulsion pour ce vieil ivrogne, ce misérable, qui sentait la pauvreté. Mais elle le regardait toujours; et, brusquement, sans qu'elle eût échangé un mot avec lui, elle devint blanche, étouffant un cri, lâchant la monnaie qu'elle tenait, et dont on entendit le tintement clair dans le tiroir.

«Quoi donc? vous êtes malade?» demanda Mme Vernier, qui était restée curieusement.

Félicie eut un geste de la main, pour écarter tout le monde. Elle ne pouvait parler. D'un mouvement pénible, elle s'était mise debout et marchait vers la salle à manger, au fond de la boutique. Sans qu'elle leur eût dit de la suivre, les deux hommes disparurent derrière elle, Berru ricanant, Damour les yeux toujours fixés sur les dalles couvertes de sciure, comme s'il avait craint de tomber.

«Eh bien! c'est drôle tout de même!» murmura Mme Vernier, quand elle fut seule avec les garçons.

Ceux-ci s'étaient arrêtés de couper et de peser, échangeant des regards surpris. Mais ils ne voulurent pas se compromettre, et ils se remirent à la besogne, l'air indifférent, sans répondre à la cliente, qui s'en alla avec ses deux côtelettes sur la main, en les étudiant d'un regard maussade.

Dans la salle à manger, Félicie parut ne pas se trouver encore assez seule. Elle poussa une seconde porte et fit entrer les deux hommes dans sa chambre à coucher. C'était une chambre très soignée, close, silencieuse, avec des rideaux blancs au lit et à la fenêtre, une pendule dorée, des meubles d'acajou dont le vernis luisait, sans un grain de poussière. Félicie se laissa tomber dans un fauteuil de reps bleu, et elle répétait ces mots:

«C'est vous... C'est vous...»

Damour ne trouva pas une phrase. Il examinait la chambre, et il n'osait s'asseoir, parce que les chaises lui semblaient trop belles. Aussi fut-ce encore Berru qui commença.

«Oui, il y a quinze jours qu'il vous cherche... Alors, il m'a rencontré, et je l'ai amené.»

Puis, comme s'il eût éprouvé le besoin de s'excuser auprès d'elle:

«Vous comprenez, je n'ai pu faire autrement. C'est un ancien camarade, et ça m'a retourné le cœur, quand je l'ai vu à ce point dans la crotte.»

Pourtant, Félicie se remettait un peu. Elle était la plus raisonnable, la mieux portante aussi. Quand elle n'étrangla plus, elle voulut sortir d'une situation intolérable et entama la terrible explication.

«Voyons, Jacques, que viens-tu demander?»

Il ne répondit pas.

«C'est vrai, continua-t-elle, je me suis remariée. Mais il n'y a pas de ma faute, tu le sais. Je te croyais mort, et tu n'as rien fait pour me tirer d'erreur.»

Damour parla enfin.

«Si, je t'ai écrit.

– Je te jure que je n'ai pas reçu tes lettres. Tu me connais, tu sais que je n'ai jamais menti... Et, tiens! j'ai l'acte ici, dans un tiroir.»

Elle ouvrit un secrétaire, en tira fiévreusement un papier et le donna à Damour, qui se mit à le lire d'un air hébété. C'était son acte de décès. Elle ajoutait:

«Alors, je me suis vue toute seule, j'ai cédé à l'offre d'un homme qui voulait me sortir de ma misère et de mes tourments... Voilà toute ma faute. Je me suis laissé tenter par l'idée d'être heureuse. Ce n'est pas un crime, n'est-ce pas?»

Il l'écoutait, la tête basse, plus humble et plus gêné qu'elle-même. Pourtant il leva les yeux.

«Et ma fille?» demanda-t-il.

Félicie s'était remise à trembler. Elle balbutia:

«Ta fille?... Je ne sais pas, je ne l'ai plus.

– Comment?

– Oui, je l'avais placée chez ma tante... Elle s'est sauvée, elle a mal tourné.»

Damour, un instant, resta muet, l'air très calme, comme s'il n'avait pas compris. Puis, brusquement, lui si embarrassé, donna un coup de poing sur la commode, d'une telle violence, qu'une boîte en coquillages dansa au milieu du marbre. Mais il n'eut pas le temps de parler, car deux enfants, un petit garçon de six ans et une fillette de quatre, venaient d'ouvrir la porte et de se jeter au cou de Félicie, avec toute une explosion de joie.

«Bonjour, petite mère, nous sommes allés au jardin, là-bas, au bout de la rue... Françoise a dit comme ça qu'il fallait rentrer... Oh! si tu savais, il y a du sable, et il y a des poulets dans l'eau...

– C'est bien, laissez-moi», dit la mère rudement.

Et, appelant la bonne:

«Françoise, remmenez-les... C'est stupide, de rentrer à cette heure-ci.»

Les enfants se retirèrent, le cœur gros, tandis que la bonne, blessée du ton de Madame, se fâchait, en les poussant tous deux devant elle. Félicie avait eu la peur folle que Jacques ne volât les petits; il pouvait les jeter sur son dos et se sauver. Berru, qu'on n'invitait point à s'asseoir, s'était allongé tranquillement dans le second fauteuil, après avoir murmuré à l'oreille de son ami:

«Les petits Sagnard... Hein? ça pousse vite, la graine de mioches!»

Quand la porte fut refermée, Damour donna un autre coup de poing sur la commode, en criant:

«Ce n'est pas tout ça, il me faut ma fille, et je viens pour te reprendre.»

Félicie était toute glacée.

«Assieds-toi et causons, dit-elle. Ça n'avancera rien, de faire du bruit... Alors, tu viens me chercher?

– Oui, tu vas me suivre et tout de suite... Je suis ton mari, le seul bon. Oh! je connais mon droit... N'est-ce pas, Berru, que c'est mon droit?... Allons, mets un bonnet, sois gentille, si tu ne veux pas que tout le monde connaisse nos affaires.»

Elle le regardait, et malgré elle son visage bouleversé disait qu'elle ne l'aimait plus, qu'il l'effrayait et la dégoûtait, avec sa vieillesse affreuse de misérable. Quoi! elle si blanche, si dodue, accoutumée maintenant à toutes les douceurs bourgeoises, recommencerait sa vie rude et pauvre d'autrefois, en compagnie de cet homme qui lui semblait un spectre!

«Tu refuses, reprit Damour qui lisait sur son visage. Oh! je comprends, tu es habituée à faire la dame dans un comptoir; et moi, je n'ai pas de belle boutique, ni de tiroir plein de monnaie, où tu puisses tripoter à ton aise... Puis, il y a les petits de tout à l'heure, que tu m'as l'air de mieux garder que Louise. Quand on a perdu la fille, on se fiche bien du père!... Mais tout ça m'est égal. Je veux que tu viennes, et tu viendras, ou bien je vais aller chez le commissare de police, pour qu'il te ramène chez moi avec les gendarmes... C'est mon droit, n'est-ce pas, Berru?»

Le peintre appuya de la tête. Cette scène l'amusait beaucoup. Pourtant, quand il vit Damour furieux, grisé de ses propres phrases, et Félicie à bout de force, près de sangloter et de défaillir, il crut devoir jouer un beau rôle. Il intervint, en disant d'un ton sentencieux:

«Oui, oui, c'est ton droit; mais il faut voir, il faut réfléchir... Moi, je me suis toujours conduit proprement... Avant de rien décider, il serait convenable de causer avec M. Sagnard, et puisqu'il n'est pas là...»

Il s'interrompit, puis continua, la voix changée, tremblante d'une fausse émotion:

«Seulement, le camarade est pressé. C'est dur d'attendre, dans sa position... Ah! madame, si vous saviez combien il a souffert! Et, maintenant, pas un radis, il crève de faim, on le repousse de partout... Lorsque je l'ai rencontré tout à l'heure, il n'avait pas mangé depuis hier.»

Félicie, passant de la crainte à un brusque attendrissement, ne put retenir les larmes qui l'étouffaient. C'était une tristesse immense, le regret et le dégoût de la vie. Un cri lui échappa:

«Pardonne-moi, Jacques!»

Et, quand elle put parler:

«Ce qui est fait est fait. Mais je ne veux pas que tu sois malheureux... Laisse-moi venir à ton aide.»

Damour eut un geste violent.

«Bien sûr, dit vivement Berru, la maison est assez pleine ici, pour que ta femme ne te laisse pas le ventre vide... Mettons que tu refuses l'argent, tu peux toujours accepter un cadeau. Quand vous ne lui donneriez qu'un pot-au-feu, il se ferait un peu de bouillon, n'est-ce pas, madame?

– Oh! tout ce qu'il voudra, monsieur Berru.»

Mais il se remit à taper sur la commode, criant:

«Merci, je ne mange pas de ce pain-là.»

Et, venant regarder sa femme dans les yeux:

«C'est toi seule que je veux, et je t'aurai... Garde ta viande!»

Félicie avait reculé, reprise de répugnance et d'effroi. Damour alors devint terrible, parla de tout casser, s'emporta en accusations abominables. Il voulait l'adresse de sa fille, il secouait sa femme dans le fauteuil, en lui criant qu'elle avait vendu la petite; et elle, sans se défendre, dans la stupeur de tout ce qui lui arrivait, répétait d'une voix lente qu'elle ne savait pas l'adresse, mais que pour sûr on l'aurait à la Préfecture de police. Enfin, Damour, qui s'était installé sur une chaise, dont il jurait que le diable ne le ferait pas bouger, se leva brusquement; et, après un dernier coup de poing, plus violent que les autres:

«Eh bien! tonnerre de Dieu! je m'en vais... Oui, je m'en vais, parce que ça me fait plaisir... Mais tu ne perdras pas pour attendre, je reviendrai quand ton homme sera là, et je vous arrangerai, lui, toi, les mioches, toute ta sacrée baraque... Attends-moi, tu verras!»

Il sortit en la menaçant du poing. Au fond, il était soulagé d'en finir ainsi. Berru, resté en arrière, dit d'un ton conciliant, enchanté d'être dans ces histoires:

«N'ayez pas peur, je ne le quitte pas... Il faut éviter un malheur.»

Même il s'enhardit jusqu'à lui saisir la main et à la baiser. Elle le laissa faire, elle était rompue; si son mari l'avait prise par le bras, elle serait partie avec lui. Pourtant, elle écouta les pas des deux hommes qui traversaient la boutique. Un garçon, à grands coups de couperet, taillait un carré de mouton. Des voix criaient des chiffres. Alors, son instinct de bonne commerçante la ramena dans son comptoir, au milieu des glaces claires, très pâle, mais très calme, comme si rien ne s'était passé.

«Combien à recevoir? demanda-t-elle.

– Sept francs cinquante, madame.»

Et elle rendit la monnaie.

## IV

Le lendemain, Damour eut une chance: le tailleur de pierre le fit entrer comme gardien au chantier de l'Hôtel de Ville. Et il veilla ainsi sur le monument qu'il avait aidé à brûler, dix années plus tôt.[98] C'était, en somme, un travail doux, une de ces besognes d'abrutissement qui engourdissent. La nuit, il rôdait au pied des échafaudages, écoutant les bruits, s'endormant parfois sur des sacs à plâtre. Il ne parlait plus de retourner aux Batignolles. Un jour pourtant, Berru étant venu lui payer à déjeuner, il avait crié au troisième litre que le grand coup était pour le lendemain. Le lendemain, il n'avait pas bougé du chantier. Et, dès lors, ce fut réglé, il ne s'emportait et ne réclamait ses droits que dans l'ivresse. Quand il était à jeun, il restait sombre, préoccupé et comme honteux. Le peintre avait fini par le plaisanter, en répétant qu'il n'était pas un homme. Mais lui, demeurait grave. Il murmurait:

«Faut les tuer alors!... J'attends que ça me dise.»

Un soir, il partit, alla jusqu'à la place Moncey; puis, après être resté une heure sur un banc, il redescendit à son chantier. Dans la journée, il croyait avoir vu passer sa fille devant l'Hôtel de Ville, étalée sur les coussins d'un landau superbe. Berru lui offrait de faire des recherches, certain de trouver l'adresse de Louise, au bout de vingt-quatre heures. Mais il refusait. A quoi bon savoir? Cependant, cette pensée que sa fille pouvait être la belle personne, si bien mise, qu'il avait entrevue, au trot de deux grands chevaux blancs, lui retournait le coeur. Sa tristesse en augmenta. Il acheta un couteau et le montra à son camarade, en disant que c'était pour saigner le boucher. La phrase lui plaisait, il la répétait continuellement, avec un rire de plaisanterie.

«Je saignerai le boucher… Chacun son tour, pas vrai?»

Berru, alors, le tenait des heures entières chez un marchand de vin de la rue du Temple, pour le convaincre qu'on ne devait saigner personne. C'était bête, parce que d'abord on vous raccourcissait.[99] Et il lui prenait les mains, il exigeait de lui le serment de ne pas se coller sur le dos une vilaine affaire. Damour répétait avec un ricanement obstiné:

«Non, non, chacun son tour… Je saignerai le boucher.»

Les jours passaient, il ne le saignait pas.

Un événement se produisit, qui parut devoir hâter la catastrophe. On le renvoya du chantier, comme incapable: pendant une nuit d'orage, il s'était endormi et avait laissé voler une pelle. Dès lors, il recommença à crever la faim, se traînant par les rues, trop fier encore pour mendier, regardant avec des yeux luisants les boutiques des rôtisseurs. Mais la misère, au lieu de l'exciter, l'hébétait. Il pliait le dos, l'air enfoncé dans des réflexions tristes. On aurait dit qu'il n'osait plus se présenter aux Batignolles, maintenant qu'il n'avait pas à se mettre une blouse propre.

Aux Batignolles, Félicie vivait dans de continuelles alarmes. Le soir de la visite de Damour, elle n'avait pas voulu raconter l'histoire à Sagnard; puis, le lendemain, tourmentée de son silence de la veille, elle s'était senti un remords et n'avait plus trouvé la force de parler. Aussi tremblait-elle toujours, croyant voir entrer son premier mari à chaque heure, s'imaginant des scènes atroces. Le pis était qu'on devait se douter de quelque chose dans la boutique, car les garçons ricanaient, et quand Mme Vernier, régulièrement, venait chercher ses deux côtelettes, elle avait une façon inquiétante de ramasser sa monnaie. Enfin, un soir, Félicie se jeta au cou de Sagnard, et lui avoua tout, en sanglotant. Elle répéta ce qu'elle avait dit à Damour: ce n'était pas sa faute, car lorsque les gens sont morts, ils ne devraient pas revenir. Sagnard, encore très vert pour ses soixante ans, et qui était un brave homme, la consola. Mon Dieu! ça n'avait rien de drôle, mais ça finirait par s'arranger. Est-ce que tout ne s'arrangeait pas? Lui, en gaillard qui avait de l'argent et qui était carrément planté dans la vie, éprouvait surtout de la curiosité. On le verrait, ce revenant, on lui parlerait. L'histoire l'intéressait, et cela au point que, huit jours plus tard, l'autre ne paraissant pas, il dit à sa femme:

«Eh bien! quoi donc? il nous lâche?... Si tu savais son adresse, j'irais le trouver, moi.»

Puis, comme elle le suppliait de se tenir tranquille, il ajouta:

«Mais, ma bonne, c'est pour te rassurer... Je vois bien que tu te mines. Il faut en finir.»

Félicie maigrissait en effet, sous la menace du drame dont l'attente augmentait son angoisse. Un jour enfin, le boucher s'emportait contre un garçon qui avait oublié de changer l'eau d'une tête de veau, lorsqu'elle arriva, blême, balbutiant:

«Le voilà!

– Ah! très bien! dit Sagnard en se calmant tout de suite. Fais-le entrer dans la salle à manger.»

Et, sans se presser, se tournant vers le garçon:

«Lavez-la à grande eau, elle empoisonne.»

Il passa dans la salle à manger, où il trouva Damour et Berru. C'était un hasard, s'ils venaient ensemble. Berru avait rencontré Damour rue de Clichy; il ne le voyait plus autant, ennuyé de sa misère. Mais, quand il avait su que le camarade se rendait rue des Moines, il s'était emporté en reproches, car cette affaire était aussi la sienne. Aussi avait-il recommencé à le sermonner, criant qu'il l'empêcherait bien d'aller là-bas faire des bêtises; et il barrait le trottoir, il voulait le forcer à lui remettre son couteau. Damour haussait les épaules, l'air entêté, ayant son idée qu'il ne disait point. A toutes les observations, il répondait:

«Viens, si tu veux, mais ne m'embête pas.»

Dans la salle à manger, Sagnard laissa les deux hommes debout. Félicie s'était sauvée dans sa chambre, en emportant les enfants; et, derrière la porte fermée à double tour, elle restait assise, éperdue, elle serrait de ses bras les petits contre elle, comme pour les défendre et les garder. Cependant, l'oreille tendue et bourdonnante d'anxiété, elle n'entendait encore rien; car les deux maris, dans la pièce voisine, éprouvaient un embarras et se regardaient en silence.

«Alors, c'est vous? finit par demander Sagnard, pour dire quelque chose.

– Oui, c'est moi», répondit Damour.

Il trouvait Sagnard très bien et se sentait diminué. Le boucher ne paraissait guère plus de cinquante ans; c'était un bel homme, à figure fraîche, les cheveux coupés ras, et sans barbe. En manches de chemise, enveloppé d'un grand tablier blanc, d'un éclat de neige, il avait un air de gaieté et de jeunesse.

«C'est que, reprit Damour hésitant, ce n'est pas à vous que je veux parler, c'est à Félicie.»

Alors, Sagnard retrouva tout son aplomb.

«Voyons, mon camarade, expliquons-nous. Que diable! nous n'avons rien à nous reprocher ni l'un ni l'autre. Pourquoi se dévorer, lorsqu'il n'y a de la faute de personne?»

Damour, la tête baissée, regardait obstinément un des pieds de la table. Il murmura d'une voix sourde:

«Je ne vous en veux pas, laissez-moi tranquille, allez-vous-en... C'est à Félicie que je désire parler.

– Pour ça, non, vous ne lui parlerez pas, dit tranquillement le boucher. Je n'ai pas envie que vous me la rendiez malade, comme l'autre fois. Nous pouvons causer sans elle... D'ailleurs, si vous êtes raisonnable, tout ira bien. Puisque vous dites l'aimer encore, voyez la position, réfléchissez, et agissez pour son bonheur à elle.

– Taisez-vous! interrompit l'autre, pris d'une rage brusque. Ne vous occupez de rien ou ça va mal tourner!»

Berru, s'imaginant qu'il allait tirer son couteau de sa poche, se jeta entre les deux hommes, en faisant du zèle. Mais Damour le repoussa.

«Fiche-moi la paix, toi aussi!... De quoi as-tu peur? Tu es idiot!

– Du calme! répétait Sagnard. Quand on est en colère, on ne sait plus ce qu'on fait... Écoutez, si j'appelle Félicie, promettez-moi d'être sage, parce qu'elle est très sensible, vous le savez comme moi. Nous ne voulons la tuer ni l'un ni l'autre, n'est-ce pas?... Vous conduirez-vous bien?

– Eh! si j'étais venu pour mal me conduire, j'aurais commencé par vous étrangler, avec toutes vos phrases!»

Il dit cela d'un ton si profond et si douloureux, que le boucher en parut très frappé.

«Alors, déclara-t-il, je vais appeler Félicie... Oh! moi, je suis très juste, je comprends que vous vouliez discuter la chose avec elle. C'est votre droit.»

Il marcha vers la porte de la chambre, et frappa.

«Félicie! Félicie!»

Puis, comme rien ne bougeait, comme Félicie, glacée à l'idée de cette entrevue, restait clouée sur sa chaise, en serrant plus fort ses enfants contre sa poitrine, il finit par s'impatienter.

«Félicie, viens donc... C'est bête, ce que tu fais là. Il promet d'être raisonnable.»

Enfin, la clé tourna dans la serrure, elle parut et referma soigneusement la porte, pour laisser ses enfants à l'abri. Il y eut un nouveau silence, plein d'embarras. C'était le coup de chien, ainsi que le disait Berru.

Damour parla en phrases lentes qui se brouillaient, tandis que Sagnard, debout devant la fenêtre, soulevant du doigt un des petits rideaux blancs, affectait de regarder dehors, afin de bien montrer qu'il était large en affaires.

«Écoute, Félicie, tu sais que je n'ai jamais été méchant. Ça, tu peux le dire... Eh bien! ce n'est pas aujourd'hui que je commencerai à l'être. D'abord, j'ai voulu vous massacrer tous ici. Puis, je me suis demandé à quoi ça m'avancerait... J'aime mieux te laisser maîtresse de choisir. Nous ferons ce que tu voudras. Oui, puisque les tribunaux ne peuvent rien pour nous avec leur justice, c'est toi qui décideras ce qui te plaît le mieux. Réponds... Avec lequel veux-tu aller, Félicie?»

Mais elle ne put répondre. L'émotion l'étranglait.

«C'est bien, reprit Damour de la même voix sourde, je comprends, c'est avec lui que tu vas... En venant ici, je savais comment ça tournerait... Et je ne t'en veux point, je te donne raison, après tout. Moi, je suis fini, je n'ai rien, enfin tu ne m'aimes plus; tandis que lui, il te rend heureuse, sans compter qu'il y a encore les deux petits...»

Félicie pleurait, bouleversée.

«Tu as tort de pleurer, ce ne sont pas des reproches. Les choses ont tourné comme ça, voilà tout... Et, alors, j'ai eu l'idée de te voir encore une fois, pour te dire que tu pouvais dormir tranquille. Maintenant que tu as choisi, je ne te tourmenterai plus... C'est fait, tu n'entendras jamais parler de moi.»

Il se dirigeait vers la porte, mais Sagnard, très remué, l'arrêta en criant:

«Ah! vous êtes un brave homme, vous, par exemple!... Ce n'est pas possible qu'on se quitte comme ça. Vous allez dîner avec nous.

– Non, merci», répondit Damour.

Berru, surpris, trouvant que ça finissait drôlement, parut tout à fait scandalisé, quand le camarade refusa l'invitation.

«Au moins, nous boirons un coup, reprit le boucher. Vous voulez bien accepter un verre de vin chez nous, que diable?»

Damour n'accepta pas tout de suite. Il promena un lent regard autour de la salle à manger, propre et gaie avec ses meubles de chêne blanc; puis, les yeux arrêtés sur Félicie qui le suppliait de son visage baigné de larmes, il dit:

«Oui, tout de même.»

Alors, Sagnard fut enchanté. Il criait:

«Vite, Félicie, des verres! Nous n'avons pas besoin de la bonne... Quatre verres. Il faut que tu trinques, toi aussi... Ah! mon camarade, vous êtes bien gentil d'accepter, vous ne savez pas le plaisir que vous me faites, car moi j'aime les bons cœurs; et vous êtes un bon cœur, vous, j'en réponds!»

Cependant, Félicie, les mains nerveuses, cherchait des verres et un litre dans le buffet. Elle avait la tête perdue, elle ne trouvait plus rien. Il fallut que Sagnard l'aidât. Puis, quand les verres furent pleins, la société autour de la table trinqua.

«A la vôtre!»

Damour, en face de Félicie, dut allonger le bras pour toucher son verre. Tous deux se regardaient, muets, le passé dans les yeux. Elle tremblait tellement, qu'on entendit le cristal tinter, avec le petit claquement de dents des grosses fièvres. Ils ne se tutoyaient plus, ils étaient comme morts, ne vivant désormais que dans le souvenir.

«A la vôtre!»

Et, pendant qu'ils buvaient tous les quatre, les voix des enfants vinrent de la pièce voisine, au milieu du grand silence. Ils s'étaient mis à jouer, ils se poursuivaient, avec des cris et des rires. Puis, ils tapèrent à la porte, ils appelèrent: «Maman! Maman!»

«Voilà! adieu tout le monde!» dit Damour, en reposant le verre sur la table.

Il s'en alla. Félicie, toute droite, toute pâle, le regarda partir, pendant que Sagnard accompagnait poliment ces messieurs jusqu'à la porte.

## V

Dans la rue, Damour se mit à marcher si vite, que Berru avait de la peine à le suivre. Le peintre enrageait. Au boulevard des Batignolles, quand il vit son compagnon, les jambes cassées, se laisser tomber sur un banc et rester là, les joues blanches, les yeux fixes, il lâcha tout ce qu'il avait sur le cœur. Lui, aurait au moins giflé le bourgeois et la bourgeoise. Ça le révoltait, de voir un mari céder ainsi sa femme à un autre, sans faire seulement des réserves. Il fallait être joliment godiche; oui, godiche, pour ne pas dire un autre mot! Et il citait un exemple, un autre Communard qui avait trouvé sa femme collée avec un particulier; eh bien! les deux hommes et la femme vivaient ensemble, très d'accord. On s'arrange, on ne se laisse pas dindonner, car enfin c'était lui le dindon, dans tout cela!

«Tu ne comprends pas, répondait Damour. Va-t-en aussi, puisque tu n'es pas mon ami.

– Moi, pas ton ami! quand je me suis mis en quatre!... Raisonne donc un peu. Que vas-tu devenir? Tu n'as personne, te voilà sur le pavé ainsi qu'un chien, et tu crèveras, si je ne te tire d'affaire... Pas ton ami! mais si je t'abandonne là, tu n'as plus qu'à mettre la tête sous ta patte, comme les poules qui ont assez de l'existence.»

Damour eut un geste désespéré. C'était vrai, il ne lui restait qu'à se jeter à l'eau ou à se faire ramasser par les agents.

«Eh bien! continua le peintre, je suis tellement ton ami, que je vais te conduire chez quelqu'un où tu auras la niche et la pâtée.»

Et il se leva, comme pris d'une résolution subite. Puis, il emmena de force son compagnon, qui balbutiait:

«Où donc? Où donc?

– Tu le verras... Puisque tu n'as pas voulu dîner chez ta femme, tu dîneras ailleurs... Mets-toi bien dans la caboche que je ne te laisserai pas faire deux bêtises en un jour.»

Il marchait vivement, descendant la rue d'Amsterdam.[100] Rue de Berlin, il s'arrêta devant un petit hôtel, sonna et demanda au valet de pied qui vint ouvrir, si Mme de Souvigny était chez elle. Et, comme le valet hésitait, il ajouta:

«Allez lui dire que c'est Berru.»

Damour le suivait machinalement. Cette visite inattendue, cet hôtel luxueux achevaient de lui troubler la tête. Il monta. Puis, tout à coup, il se trouva dans les bras d'une petite femme blonde, très jolie, à peine vêtue d'un peignoir de dentelle. Et elle criait:

«Papa, c'est papa!... Ah! que vous êtes gentil de l'avoir décidé!»

Elle était bonne fille, elle ne s'inquiétait point de la blouse noire du vieil homme, enchantée, battant des mains, dans une crise soudaine de tendresse filiale. Son père, saisi, ne la reconnaissait même pas.

«Mais c'est Louise!» dit Berru.

Alors, il balbutia:

«Ah! oui... Vous êtes trop aimable...»

Il n'osait la tutoyer. Louise le fit asseoir sur un canapé, puis elle sonna pour défendre sa porte. Lui, pendant ce temps, regardait la pièce tendue de cachemire, meublée avec une richesse délicate qui l'attendrissait. Et Berru triomphait, lui tapait sur l'épaule, en répétant:

«Hein? diras-tu encore que je ne suis pas un ami?... Je savais bien, moi, que tu aurais besoin de ta fille. Alors, je me suis procuré son adresse et je suis venu lui conter ton histoire. Tout de suite, elle m'a dit: «Amenez-le!»

– Mais sans doute, ce pauvre père! murmura Louise d'une voix câline. Oh! tu sais, je l'ai en horreur, ta République! tous des sales gens, les communards, et qui ruineraient le monde, si on les laissait faire!... Mais toi, tu es mon cher papa. Je me souviens comme tu étais bon, quand j'étais malade, toute petite. Tu verras, nous nous entendrons très bien, pourvu que nous ne parlions jamais politique... D'abord, nous allons dîner tous les trois. Ah! que c'est gentil!»

Elle s'était assise presque sur les genoux de l'ouvrier, riant de ses yeux clairs, ses fins cheveux pâles envolés autour des oreilles. Lui, sans force, se sentait envahi par un bien-être délicieux. Il aurait voulu refuser, parce que cela ne lui paraissait pas honnête, de s'attabler dans cette maison. Mais il ne retrouvait plus son énergie de tout à l'heure, lorsqu'il était parti de chez la bouchère, sans même retourner la tête, après avoir trinqué une dernière fois. Sa fille était trop douce, et ses petites mains blanches, posées sur les siennes, l'attachaient.

«Voyons, tu acceptes? répétait Louise.

– Oui», dit-il enfin, pendant que deux larmes coulaient sur ses joues creusées par la misère.

Berru le trouva très raisonnable. Comme on passait dans la salle à manger, un valet vint prévenir Madame que Monsieur était là.

«Je ne puis le recevoir, répondit-elle tranquillement. Dites-lui que je suis avec mon père... Demain à six heures, s'il veut.»

Le dîner fut charmant. Berru l'égaya par toutes sortes de mots drôles, dont Louise riait aux larmes. Elle se retrouvait rue des Envierges, et c'était un régal. Damour mangeait beaucoup, alourdi de fatigue et de nourriture; mais il avait un sourire d'une tendresse exquise, chaque fois que le regard de sa fille rencontrait le sien. Au dessert, ils burent un vin sucré et mousseux comme du champagne, qui les grisa tous les trois. Alors, quand les domestiques ne furent plus là, les coudes posés sur la table, ils parlèrent du passé, avec la mélancolie de leur ivresse. Berru avait roulé une cigarette, que Louise fumait, les yeux demi-clos, le visage noyé. Elle s'embrouillait dans ses souvenirs, en venait à parler de ses amants, du premier, un grand jeune homme qui avait très bien fait les choses. Puis, elle laissa échapper sur sa mère des jugements pleins de sévérité.

«Tu comprends, dit-elle à son père, je ne peux plus la voir, elle se conduit trop mal... Si tu veux, j'irai lui dire ce que je pense de la façon malpropre dont elle t'a lâché.»

Mais Damour, gravement, déclara qu'elle n'existait plus. Tout à coup, Louise se leva, en criant:

«A propos, je vais te montrer quelque chose qui te fera plaisir.»

Elle disparut, revint aussitôt, sa cigarette toujours aux lèvres, et elle remit à son père une vieille photographie jaunie, cassée aux angles. Ce fut une secousse pour l'ouvrier, qui, fixant ses yeux troubles sur le portrait, bégaya:

«Eugène, mon pauvre Eugène.»

Il passa la carte à Berru, et celui-ci, pris d'émotion, murmura de son côté:

«C'est bien ressemblant.»

Puis, ce fut le tour de Louise. Elle garda la photographie un instant; mais des larmes l'étouffèrent, elle la rendit en disant:

«Oh! je me le rappelle... Il était si gentil!»

Tous les trois, cédant à leur attendrissement, pleurèrent ensemble. Deux fois encore, le portrait fit le tour de la table, au milieu des réflexions les plus touchantes. L'air l'avait beaucoup pâli: le pauvre Eugène, vêtu de son uniforme de garde national, semblait une ombre d'émeutier, perdu dans la légende. Mais, ayant retourné la carte, le père lut ce qu'il avait écrit là, autrefois: «Je te vengerai»; et, agitant un couteau à dessert au-dessus de sa tête, il refit son serment:

«Oui, oui, je te vengerai!

– Quand j'ai vu que maman tournait mal, raconta Louise, je n'ai pas voulu lui laisser le portrait de mon pauvre frère. Un soir, je le lui ai chipé... C'est pour toi, papa. je te le donne.»

Damour avait posé la photographie contre son verre, et il la regardait toujours. Cependant, on finit par causer raison. Louise, le cœur sur la main, voulait tirer son père d'embarras. Un instant, elle parla de le prendre avec elle; mais ce n'était guère possible. Enfin, elle eut une idée: elle lui demanda s'il consentirait à garder une propriété, qu'un monsieur venait de lui acheter, près de Mantes.[101] Il y avait là un pavillon, où il vivrait très bien, avec deux cents francs par mois.

«Comment donc! mais c'est le paradis! cria Berru qui acceptait pour son camarade. S'il s'ennuie, j'irai le voir.»

La semaine suivante, Damour était installé au Bel-Air, la propriété de sa fille, et c'est là qu'il vit maintenant, dans un repos que la Providence lui devait bien, après tous les malheurs dont elle l'a accablé. Il engraisse, il refleurit, bourgeoisement vêtu, ayant la mine bon enfant et honnête d'un ancien militaire. Les paysans le saluent très bas. Lui, chasse et pêche à la ligne. On le rencontre au soleil, dans les chemins, regardant pousser les blés, avec la conscience tranquille d'un homme qui n'a volé personne et qui mange des rentes rudement gagnées. Lorsque sa fille vient avec des messieurs, il sait garder son rang. Ses grandes joies sont les jours où elle s'échappe et où ils déjeunent ensemble, dans le petit pavillon. Alors, il lui parle avec des bégaiements de nourrice, il regarde ses toilettes d'un air d'adoration; et ce sont des déjeuners délicats, toutes sortes de bonnes choses qu'il fait cuire lui-même, sans compter le dessert, des gâteaux et des bonbons, que Louise apporte dans ses poches.

Damour n'a jamais cherché à revoir sa femme. Il n'a plus que sa fille, qui a eu pitié de son vieux père, et qui fait son orgueil et sa joie. Du reste, il s'est également refusé à tenter la moindre démarche pour rétablir son état civil. A quoi bon déranger les écritures du gouvernement? Cela augmente la tranquillité autour de lui. Il est dans son trou, perdu, oublié, n'étant personne, ne rougissant pas des cadeaux de son enfant; tandis que, si on le ressuscitait, peut-être bien que des envieux parleraient mal de sa situation, et que lui-même finirait par en souffrir.

Parfois, pourtant, on mène grand tapage dans le pavillon. C'est Berru qui vient passer des quatre et cinq jours à la campagne. Il a enfin trouvé, chez Damour, le coin qu'il rêvait pour se goberger. Il chasse, il pêche avec son ami; il vit des journées sur le dos, au bord de la rivière. Puis, le soir, les deux camarades causent politique. Berru apporte de Paris les journaux anarchistes; et, après les avoir lus, tous deux s'entendent sur les mesures radicales qu'il y aurait à prendre: fusiller le gouvernement, pendre les bourgeois, brûler Paris pour rebâtir une autre ville, la vraie ville du peuple. Ils en sont toujours au bonheur universel, obtenu par une extermination générale. Enfin, au moment de monter se coucher, Damour, qui a fait encadrer la photographie d'Eugène, s'approche, la regarde, brandit sa pipe en criant:

«Oui, oui, je te vengerai!»

Et, le lendemain, le dos rond, la face reposée, il retourne à la pêche, tandis que Berru, allongé sur la berge, dort le nez dans l'herbe.

# 10

# *Plaisirs d'été*

## Alphonse Allais (1854-1905)

Le domaine que j'occupe durant la belle saison s'avoisine d'une modeste demeure qu'habitait la plus odieuse chipie de tout le littoral.

Veuve d'un agent voyer qu'elle fit mourir de chagrin, cette mégère joignait une acariâtrerie peu commune à l'avarice la plus sordide, le tout sous le couvert d'une dévotion poussée à l'excès.

Elle est morte, paix à ses cendres!

Elle est morte, et j'ai bien ri quand je l'ai vue battre l'air de ses grands bras décharnés et s'affaler sur le gazon maigre de son ridicule et trop propre jardinet.

Car j'assistai à son trépas; mieux encore, j'en étais l'auteur, et cette petite aventure restera, je pense, un de mes meilleurs souvenirs.

Il fallait, d'ailleurs, que cela se terminât ainsi, car j'en étais venu à ne plus dormir, tant m'obsédait la seule pensée de cette harpie.

Horrible, horrible femme!

J'arrivai à mon funèbre résultat au moyen d'un certain nombre de plaisanteries, toutes du plus mauvais goût, mais qui révèlent chez leur auteur autant d'astuce, ma foi, que d'implacabilité.

Désirez-vous un léger aperçu de mes machinations?

*     *     *     *     *

Ma voisine avait la folie du jardinage: nulle salade dans le pays n'était comparable à ses salades, et quant à ses fraisiers, ils étaient tous si beaux qu'on avait envie de s'agenouiller devant.

Contre les mauvaises herbes, contre les malins insectes, contre les plus dévorants vers, elle connaissait et employait, sans jamais se lasser, mille trucs d'une efficacité redoutable.

Sa chasse aux limaçons était tout un poème, aurait pu dire Coppée[102] en un vers immortel.

Or, un jour qu'une pluie d'orage venait de sévir sur le pays voici ce que j'imaginai.

Je convoquai une myriade de gamins (*myriade* c'est une façon de parler) et leur remettant à chacun un sac:

– Allez, dis-je, mes petits amis, allez par les chemins de la campagne, et rapportez-moi autant de *calimachons* que vous pourrez. Quelques sous vous attendent au retour.

(Dans le district que j'habite, *colimaçon*, se prononce, – incorrectement d'ailleurs – *calimachon.*)

Voilà mes polissons partis en chasse.

Un copieux gibier les attendait: jamais, en effet, tant d'escargots n'avaient diapré le paysage.

Tous ces mollusques, je les réunis en congrès dans une immense caisse bien close, en laquelle ils furent invités à jeûner pendant une bonne semaine.

Après quoi, par un radieux soir d'été, je lâchai ce bétail dans le jardin de la vieille.

Le lever du soleil éclaira bientôt ce Waterloo.

Des romaines, des chicorées, des fraisiers naguère si florissants, ne subsistaient plus désormais que de sinistres et déchiquetées nervures.

Ah! si je n'avais pas tant ri, ce spectacle de dévastation m'aurait bien navré!

La chipie n'en croyait pas ses yeux.

Cependant, gavés mais non repus, mes limaçons continuaient leur œuvre d'anéantissement.

De mon petit observatoire, je les apercevais qui grimpaient résolument à l'assaut des poiriers.

...A ce moment, tinta la cloche pour la messe de six heures.

Ma voisine s'enfuit conter ses peines au bon Dieu.

* * * * *

Il serait fastidieux, le récit détaillé des plaisanteries féroces que j'infligeai à la méchante femme qui me servait de voisine.

Je passerai sous silence tous les morceaux de carbure de calcium impur que je projetais dans le petit bassin devant sa maison: pas une plume humaine ne saurait décrire la puanteur d'ail qu'éparpillait alors son stupide jet d'eau.

Et précisément (détail que j'appris par la suite et qui me combla de joie), notre mégère éprouvait une aversion insurmontable pour l'odeur de l'ail.

Au pied du mur qui sépare son jardin du mien, elle cultivait un superbe plant de persil. Oh! le beau persil!

Par poignées, sans compter, j'inondai sa plate-bande de graines de ciguë, plante dont l'aspect ressemble, à s'y méprendre, à celui du persil.

(Je plains les nouveaux locataires du jardin, s'ils ne s'aperçoivent pas de la supercherie.)

Arrivons aux deux suprêmes facéties dont la dernière, ainsi que je l'ai annoncé plus haut, détermina le trépas subit de l'horrible vieille.

A force de l'étudier, je connaissais sur le bout du doigt le petit train-train de notre chipie.

Levée dès l'aurore, elle inspectait d'un œil soupçonneux les moindres détails de son jardin, écrasait un limaçon par-ci, arrachait une mauvaise herbe par-là.

Au premier coup de cloche de la messe de six heures, la dévote filait, puis, son devoir religieux accompli, revenait et prenait dans sa boîte aux lettres le journal *la Croix*, dont elle faisait édifiante lecture en sirotant son café au lait.

Or, un matin, elle lut d'étranges choses dans sa gazette favorite.

La chronique de tête, par exemple, commençait par cette phrase:

«On n'en finira dont jamais avec tous ces N. et D. de ratichons!»[103] et le reste de l'article continuait sur ce ton.

Après quoi, on pouvait lire ce petit entrefilet:

«Avis à nos lecteurs

«Nous ne saurions recommander trop de précautions à ceux de nos lecteurs qui, pour une raison ou pour une autre, se voient forcés d'introduire des ecclésiastiques dans leur domicile.

«Ainsi, lundi dernier, le curé de Saint-Lucien, appelé chez un de ses paroissiens pour lui administrer les derniers sacrements, a jugé bon de se retirer en emportant la montre en or du moribond et une douzaine de couverts d'argent.

«Ce fait est loin de constituer un cas isolé, etc., etc.»

Et les faits-divers, donc!

On y racontait notamment que le nonce du pape avait été arrêté, la veille, au bal du Moulin-Rouge, pour ivresse, tapage et insultes aux agents.

Etrange journal!

Ai-je besoin d'ajouter que ce curieux organe avait été rédigé, composé, cliché et tiré, non pas par des dames comme le journal la *Fronde*, mais par votre propre serviteur, avec la complicité d'un imprimeur de ses amis, dont je ne saurais trop louer la parfaite complaisance en cette occasion.

* * * * *

Une des farces que je puis recommander en toute confiance à mon élégante clientèle est la suivante. Elle ne brille ni par une vive intellectualité, ni par un tact exquis, mais sa pratique procure à son auteur une intense allégresse.

Bien entendu, je ne manquai pas de l'appliquer à mon odieuse voisine.

Dès le matin, et à diverses heures de la journée, j'envoyai, signés de la vieille et portant son adresse, des télégrammes à des gens habitant les quatre coins les plus différents de la France.

Chacun de ces télégrammes, loti d'une *réponse payée*, consistait en une demande de renseignements sur un sujet quelconque.

On ne peut que difficilement se faire une idée de la stupeur mêlée d'effroi qu'éprouva la vieille dame chaque fois que le facteur du télégraphe lui remit un papier bleu sur lequel s'étalaient des phrases de la plus rare saugrenuité.

Succédant de près à la lecture du numéro spécial de la *Croix*, fabriqué par moi, ces télégrammes précipitèrent mon odieuse voisine dans une hallucination fort comique.

A la fin, elle refusa de recevoir le facteur et menaça même l'humble fonctionnaire de coups de manche à balai, au cas où il se représenterait.

Installé à la fenêtre de mon grenier et muni d'excellentes jumelles, je n'avais jamais tant ri.

* * * * *

Cependant, le soir vint.

Une vieille coutume voulait que le chat de la bonne femme, un grand chat noir maigre mais superbe, vînt rôder dans mon jardin, dès que le jour tombait.

Aidé de mon jeune neveu (un garçon qui promet), j'eus vite capturé l'animal.

Non moins prestement, nous le saupoudrâmes copieusement de sulfure de baryum.

(Le sulfure de baryum est un de ces produits qui ont la propriété de rendre les objets lumineux dans l'obscurité. On s'en procure chez tous les marchands de produits chimiques.)

* * * * *

Ce fut par la nuit opaque, une nuit sans étoiles et sans lune.

Inquiète de ne pas voir rentrer son minet, la vieille appelait:

– Polyte! Polyte! Viens, mon petit Polyte!

(En voilà un nom pour un chat!)

Soudain lâché par nous, ivre de rage et de peur, Polyte s'enfuit, grimpa le mur en moins de temps qu'il n'en faut pour l'écrire, et se précipita vers son logis.

Avez-vous jamais vu un chat lumineux bondir par les ténèbres de la nuit?

C'est un spectacle qui en vaut la peine et, pour ma part, je n'en connais point de plus fantastique.

C'en était trop.

Nous entendîmes des cris, des hurlements:

– Belzébuth! Belzébuth! vociférait la vieille. C'est Belzébuth!

Puis nous la vîmes lâcher la chandelle qu'elle tenait à la main et choir sur son gazon.

Quand des voisins, attirés par ses cris, arrivèrent pour la relever, il était trop tard: je n'avais plus de voisine.

# NOTES

**1** For a modern reevaluation of Scott, including his relevance to Balzac, see G. Lukács, *The Historical Novel* (Merlin 1962).

**2** For a full account of Mérimée's literary career see A. Raitt, *Prosper Mérimée*, (Eyre & Spottiswoode 1970).

**3** See especially Baudelaire's *De la couleur* in his *Salon de 1846*: Baudelaire, *Curiosités Esthétiques* (Classiques Garnier 1962) pp. 105-10.

**4** Ibid., p. 630.

**5** The full text of this article is in various editions of Poe's works, e.g., *The Literary Criticism of Edgar Allan Poe*, Robert L. Hough (ed.) (Nebraska 1965) pp. 133-41. It was first published in May 1842.

**6** Poe's views on Sue are in his *Marginalia*. See Edgar Allan Poe, *Contes, Essais, Poèmes* (Robert Laffont 1989) pp. 1091-3.

**7** In ch. 8 of Part 2 of *Madame Bovary*, pp. 216-8 of B. Ajac's Garnier-Flammarion edition (1986).

**8** Quoted at length and discussed in S. Douyère, *Un Coeur simple de Flaubert* (La Pensée universelle 1974).

**9** See *Histoire générale de la presse française*, vol. 3 by P. Albert *et al.* (Presses Universitaires de France 1972).

**10** In the section *Pour qui écrit-on?*, pp. 172-5, (Gallimard 1948).

**11** Although an independent text, *Le Roman* serves as a preface to Maupassant's novel *Pierre et Jean* and is normally included in editions of it, e.g., that of B. Pingaud (Folio 1982 and 1988) pp. 45-60.

**12** Quoted by C. Becker in her edition of *Contes du lundi* (Garnier Flammarion 1984) p. 289.

**13** See H. Mitterand, *Zola Journaliste* (Armand Colin 1962), especially ch. 13: *De Paris à Saint-Pétersbourg*.

**14** See C. Charpin, *Les Arts Incohérents 1882-1893* (Syros 1990) and *Arts Incohérents, académie du dérisoire* (Dossiers du Musée d'Orsay 1992).

**15** See M. Oberthür, *Le Chat Noir 1881-1897* (Dossiers du Musée d'Orsay 1992).

**16** A. Breton, *Anthologie de l'humour noir* (Pauvert 1966) p. 292.

**17** Quoted by F. Caradec in his *Avant-propos* to A. Allais, *Œuvres anthumes* (Robert Laffont 1989) p. ii.

**18** Ibid, p. i.

**19** Baudelaire, op. cit., p. 677.

**20** For example, the popular *Récréations morales, contes à l'usage de la jeunesse* by Madame Guizot (Didier 1838; Bibliothèque d'éducation).

**21** *Les réquisitionnaires* were military conscripts of the Revolutionary period. The Republic needed a greatly enlarged army for internal security and to fight foreign campaigns. *La réquisition permanente* was declared in 1793, making all men aged between nineteen and twenty five eligible for military service.

**22** A market town in the département of la Manche, mid-way between Bayeux and Cherbourg.

**23** Royal decorations and honours, predating the modern Légion d'honneur founded by Napoléon in 1802.

**24** Large numbers of aristocrats and their sympathisers emigrated from France during the 1790s to seek safety and to organise counter-revolutionary activities.

**25** *La Faculté de Médecine*.

**26** The *émigrés* included the Comte de Provence and the Comte d'Artois, who would be the two last Bourbon kings of France: Louis XVIII (1814-24) and Charles X (1824-30).

**27** *La Convention nationale* had replaced the National Assembly as the French governing body in 1792 and became the central forum of revolutionary politics.

**28** Balzac scrupulously lists local representatives of the Republic, including the *procureur* and *accusateur*, both prosecutors in a court of law and therefore a threat to Madame de Dey.

**29** Normans were reputed to be shrewd to the point of slyness and tight-fistedness. Maupassant and Alphonse Allais would exploit this stereotype.

**30** A priest who had failed to take a *serment*, or oath of allegiance, to the Republic, and was therefore a fugitive.

**31** Counter-revolutionary Catholic and royalist feeling was particularly strong in Brittany and the adjoining Vendée region, to the South of Nantes.

**32** In 1793, conscription and economic hardship sparked off counter-revolutionary rebellions by *Chouans*, guerrilla fighters on the borders of Brittany, and *Vendéens*, military groups further to the south.

**33** In 1793 *émigrés* and *Vendéens* had tried, with no success, to capture Granville, on the West coast of the Cherbourg peninsular.

**34** Théodore Tronchin (1709-81) was a Swiss doctor who gave his name to a writing table that he made popular, the *table à la Tronchin*, and to *la tronchine*, a foot-muff or *chancelière* that he recommended to patients.

**35** An Italian expression, often used ironically in French, meaning in one's bosom, and therefore secretly.

**36** A lotto set. Boston is a card game, as is *le reversis* which reverses normal rules as the winner has the lowest number of tricks. *Le wisth* is normally spelt *le whist* in French.

**37** A tunic, based on the costume of Carmagnola in Piedmont, and worn by Marseille troups. It was the subject of a revolutionary dance and song that made it a symbol of the Revolution.

**38** The *Marseillaise* was new at the time, having been written by Rouget de Lisle in 1792. It was then a military and revolutionary song. Although it was briefly the French national anthem from 1795 onwards, it was only under the Third Republic that it was given its modern official status.

**39** The département of le Morbihan is in southern Brittany, around the town of Vannes.

**40** Essling is on the Danube near Vienna. In May 1809 Napoleon's troups constructed a temporary bridge there in order to cross the river and attack the Austrian army. A violent but indecisive battle ensued.

**41** A Parisian newspaper that was a principal mouth-piece of liberal opinion under the Restoration monarchy after the fall of Napoleon.

**42** In July 1808 more than ten thousand French troups surrendered in southern Spain and many were made prisoner on ships off Cadiz. It was one of the first defeats suffered by Napoleon's armies, but the French prisoners made heroic attempts to escape.

**43** *Le trictrac* is the French equivalent of backgammon. Its name is onomatopoeic, evoking the clatter of the dice and counters.

**44** A six and a four on the dice.

**45** Mérimée is using terminology specific to *le trictrac*, which is played by throwing dice and using the numbers thrown to manipulate counters on a board. A player is *envoyé à l'école* if he is forgetful in marking up on the board points won with the dice. *Faire écoles sur écoles* is to do this repeatedly. *Caser* is to be careless in placing the counters on the board. Both are signs of bad play.

**46** Another specific *trictrac* term. The edge of the board has holes with markers to keep the score, the winner being the first to reach the twelfth hole. *Rendre quatre trous* is to concede a four-hole lead to your opponent.

**47** *Monsieur*, in Dutch.

**48** Jean Bart (1650-1702) was an outstanding French seaman and privateer who fought against the Dutch and the British on behalf of Louis XIV.

**49** *La compagnie des Indes*. Both France and Britain had established such a company, but the British one was dominant by the time of Napoleon and is referred to here.

**50** A type of sword, usually spelt *cochelimarde*.

**51** Gautier is using learned vocabulary. *Un paraschiste* is an archaeologically authentic term for an Egyptian embalmer whose task in preparing a mummy was to make incisions in the body for the removal of intestines. *Le natrum* is a form of sodium found in Egypt.

**52** A topical allusion. A troup of bayadères, or Eastern dancing-girls, had recently visited Paris, the most beautiful being called Amani.

**53** Tunnels cut through rock, associated with ancient royal tombs.

**54** Gautier's archaeological references are sometimes more evocative than exact, *tau* being a Greek letter and the *pedum* being a staff usually belonging to Roman antiquity. Ancient Egypt and its hieroglyphics had nevertheless been made comprehensible to the French through the pioneering scientific work of Champollion (1790-1832).

**55** *Baroque* here simply means unexpected and bizarre, rather than having to do with the baroque style in art and architecture. Poe had used the same word in his original text.

**56** Poe had written 'gossamer fidelity'. *La gaze* means gauze or a transparent veil. Here, as throughout the story, Baudelaire's translation is as accurate as is reasonably possible.

**57** A small town in the Calvados region of Normandy.

**58** *Les muscadins* were excentrically dressed fops, taking their name from musk scent. In the 1790s they had had a political role, delighting in the fall of Robespierre. All of this is totally remote from the provincial Normandy of *Un Cœur simple*.

**59** Audran (1640-1703) produced numerous engravings of works by more celebrated seventeenth-century artists such as Poussin.

**60** *Assemblée* here means a village fair.

**61** Théodore is trying to avoid military service, a common practice at the time. To buy a man was to pay a sum of money so that a substitute conscript would serve in your place.

**62** *Paul et Virginie* (1787) by Bernardin de Saint-Pierre was a sentimental novel that haunted the popular imagination during the Romantic period. The earlier Paul and Virginie grow up and discover innocent love in the exotic tropics, a far cry from Pont-L'Evêque.

**63** *Godefiches*, a corruption of the English God fish, are *Coquilles Saint-Jacques* (scallops), whose shell has been used as a symbol by pilgrims bound for Santiago de Compostella.

**64** A temporary altar used in Saints Day processions. The custom of *reposoirs* will play a major role in the final pages of *Un Cœur simple.*

**65** *Les Antilles*, the French West Indies.

**66** The Revolution of July 1830 in which the last Bourbon king of France, Charles X, was replaced by Louis-Philippe from the Orléans branch of the French royal family.

**67** The Terror of 1793 which is the background to Balzac's *Le Réquisitionnaire.* Berru in Zola's *Jacques Damour* also refers to 93 (p. 130 and note 86).

**68** An archaic term for a pedlar, similar to the better-known *portefaix.*

**69** The comte d'Artois, King Charles X of France from 1824 until the Revolution of 1830, had died in 1836.

**70** The town of Epinal in Eastern France produced huge quantities of cheap prints on subjects of topical and general interest. Produced by the Pellerin family in Epinal, they were sold throughout France and became an integral part of popular culture.

**71** Another clerical job: working in the registration department, compiling a public register of legal and civic data.

**72** Church-wardens, reponsible for the fabric of the church building.

**73** Translucent stones from the region of Alençon, well to the south of Pont-L'Evêque but still in the Norman context.

**74** This quotation is not from a major work by Montesquieu (1689-1755) but from his *Essai sur le goût* published after his death in the *Encyclopédie.*

**75** In other words, what is true for one country or person may be false for another. The saying is associated with the thinker Blaise Pascal (1623-62), reinforcing the philosophical element in *Lettre d'un fou.*

**76** A château from the reign of Louis XIII (1610-43), in stark contrast with modern warfare.

**77** The château of Compiègne, north of Paris, was much used as a luxurious country residence by Napoleon III and the whole imperial court of the Second Empire.

**78** Another ironic allusion to the seventeenth century. Turenne (1611-75) was a brilliant and courageous soldier who rose to the rank of Maréchal de France and was finally killed in action.

**79** Nouméa is the capital of la Nouvelle Calédonie in the South Pacific. A French colony from the mid-nineteenth century, la Nouvelle Calédonie was used as a penal colony from 1864 onwards. After the suppression of the Paris Commune of 1871, many of its participants were condemned to banishment there. The fictional Jacques Damour has suffered this punishment.

**80** For a brief account of the Siege of Paris, the Commune, and their historical context, see the sections of the Introduction on both *Jacques Damour* and Daudet's *Partie de billard.*

**81** La Villette in north-eastern Paris was then a working-class suburb. It had formally become a part of the city only in 1861.

**82** Extending the pleasures of the weekend to Monday, losing a day's work and pay.

**83** Another working-class suburb, a little to the southeast of la Villette.

**84** Hunger and starvation were acute during the siege of Paris.

**85** In the political vacuum that followed the collapse of the Second Empire, attempts were made to restore the monarchy. The comte de Chambord was the Bourbon pretender to the French throne, and would have taken the title Henri V.

**86** For Berru the Republic of Robespierre in 1793 has symbolic value. Balzac's *Le Réquisitionnaire* gives a very different account of 1793.

**87** See note 38 above. *La Marseillaise* became the French National Anthem in 1879 in circumstances outlined in the *Jacques Damour* section of the Introduction.

**88** The Revolution of 1848 which ousted Louis-Philippe and created the short-lived Second Republic.

**89** *Bonapartistes* continued to support the political cause of the fallen Napoleon III and of the Bonaparte family. They were a powerful force in French political life for many years.

**90** The white flag is that of the Bourbon monarchy. It usually bore the royalist *fleur de lis.* A factor in the comte de Chambord's failure to become King Henri V was his obstinate refusal to abandon this ancient symbol of royalist rule.

**91** The Commune was sparked off by this incident. On 18 March 1871 the French government, headed by Thiers, tried to repossess canons placed at Montmartre and assume military control of Paris. The people of Paris resisted this provocative act; the Commune was declared on 28 March.

**92** The *garde nationale* had existed since 1789 and had served various roles as an auxiliary military force composed mainly of the bourgeoisie. Huge numbers of men were drafted into it to defend Paris against the Prussians in 1870-1, and many of them subsequently defended the Commune against the French government. It was dissolved definitively after the Commune, in August 1871.

**93** During the Commune, the French government had been in Versailles. On 21 May 1871 its troups marched on Paris, crushing the Commune in the massacre of *la semaine sanglante* (22-28 May).

**94** The Père-Lachaise cemetery is close to Ménilmontant where the Damour family lives. It was one of the last strongholds of the Commune.

**95** For the political circumstances surrounding this amnesty, see the *Jacques Damour* section of the Introduction.

**96** Who had been condemned in his absence, *par contumace* being the legal expression for trial in the absence of the accused, often because he had refused to appear in court.

**97** The rue des Moines, in the Batignolles area of Paris, is in the 17th arrondissement between Montmartre and the prosperous Monceau district. Although still in northern Paris, Jaques's wife has made a move from east to west that has given her a rise in living standards.

**98** The Hôtel de Ville had been severely damaged by fire during the Commune. The rebuilding and redecorating work lasted several years and was completed only in 1882.

**99** *Raccourcir* is a colloquialism for death by guillotine, since losing your head in execution makes you shorter.

**100** Zola gives here, as throughout *Jacques Damour*, precise locations in Paris. The boulevard des Batignolles ends at the Place Clichy from where the rue d'Amsterdam runs south towards central Paris.

**101** More than one town bears the name Mantes, but Zola is no doubt referring to Mantes-la-Jolie, on the banks of the Seine to the north-west of Paris.

**102** François Coppée (1842-1908) is now largely forgotten but was widely considered a major poet in his life-time, being elected to the Académie Française in 1884. Many of his poems give poetic status to unexpectedly ordinary subjects.

**103** A pejorative and popular term meaning priests.